la guía
de vinos
2024

la guía de vinos 2024

100 VINOS QUE NO TE PUEDES PERDER

Lluís Tolosa

Ferran Centelles

Meritxell Falgueras

María José Huertas

Alicia Estrada

Zoltan Nagy

Título: La Guía de Vinos 2024. 100 vinos que no te puedes perder
© Lluís Tolosa, Ferran Centelles, Meritxell Falgueras, María José Huertas, Alicia Estrada y Zoltan Nagy, 2024
© 2024, de esta edición
La Vanguardia Ediciones, S.L.
Diagonal, 477
08036 Barcelona

Primera edición, febrero 2024

© Fotografías:
Lluís Tolosa y las propias bodegas, Jordi Elias por la foto de Miguel A. Torres, Raúl Muñoz por Codorníu, Jason Orton por Telmo Rodríguez, Sara Matthews por Vardon Kennett, Niccolò Guasti por Marqués del Atrio, CVNE por la portadilla Por su grandeza, Marqués del Atrio por la portadilla Por sus variedades autóctonas tintas, Can Sala La Freixeneda por la portadilla Por sus variedades autóctonas blancas, Familia Torres por la portadilla Por sus variedades internacionales, Juvé & Camps por las portadillas Por su finca excepcional y Por sus delicadas burbujas, Ca n'Estruc por la portadilla Porque marcan tendencia, Cellers Domenys por la portadilla Por su excelente relación calidad-precio, Parés Baltà por la portadilla Por su método de elaboración.

ISBN: 978-84-18604-43-0
Dipòsit Legal: B 21136-2023

Dirección: Lluís Tolosa
Diseño original: Rosa Mundet y Anna Belil
Foto portada: Priscila Zambotto / Getty Images
Maquetación de portada: Mònica Caparrós
Maquetación de interiores: redoble.studio

ÍNDICE

HEREDEROS DEL
MARQUÉS DE RISCAL

XR

10 RAZONES PARA ELEGIR ESTOS 100 VINOS

Esta **cuarta edición** de 'La Guía de Vinos' de La Vanguardia muestra algunas **tendencias** importantes en el mercado del vino.

En nuestra selección de los **100 vinos imprescindibles** de este año, continúan predominando los vinos tintos, pero han ganado mucho protagonismo los vinos blancos y espumosos, como viene ocurriendo en el mercado.

Nuestros colaboradores habituales, Ferran Centelles, Meritxell Falgueras, María José Huertas, Alicia Estrada, Zoltan Nagy y yo mismo, como cada año, argumentamos nuestras **10 razones** para elegir estos 100 vinos que no te puedes perder.

También hemos consolidado los **premios** de esta guía, los verás destacados con una medalla junto a los vinos y bodegas que hemos premiado. Para decidir estos premios valoramos la calidad, el precio, la distribución y la historia que hay detrás de cada vino. Luego, cada año, celebramos una gala de entrega de premios en la **Barcelona Wine Week**.

Lluís Tolosa
Director de 'La Guía de Vinos' de La Vanguardia

por su grandeza

Varios de los vinos que hemos elegido **por su grandeza** han recibido alguno de nuestros principales premios:

Premio Mejor Vino Tinto para el 200 Monges Gran Reserva 1994 (DOCa Rioja), con prácticamente tres décadas de maduración, disponible junto a un pack de otras añadas históricas.

Premio Aniversario para un vino conmemorativo de sus 100 años de historia, el Perelada Centenario 1923-2023 (DO Empordà).

Premio Mejor Proyecto de Enoturismo para el Museo Vivanco de la Cultura del Vino, premiado con el *Best Of Special Achievement Award* de la Red Mundial de Grandes Capitales del Vino (GWC). Antes solo se había entregado a La Cité du Vin (Burdeos) y a World of Wine (WOW, Oporto).

Distinto de siempre, lo mismo de nunca

RIOJA

WINE in MODERATION
ELEGIR | COMPARTIR | CUIDAR
"El vino solo se disfruta con moderación"

100
LA VANGUARDIA
PUNTOS

200 Monges Gran Reserva 1994

PREMIO
MEJOR VINO TINTO
LA VANGUARDIA
2024

DOCa RIOJA. VINÍCOLA REAL
(Albelda de Iregua. La Rioja)
🍇 85% tempranillo, 10% graciano, 5% garnacha ⬛ 30 meses
🍷 660€

"¡Elegí el tiempo! Decidí que mis mejores vinos madurarían en los calados hasta que fuesen capaces de conmover y emocionar". Miguel Ángel Rodríguez, enólogo y propietario de Vinícola Real, fue uno de los pioneros de los nuevos vinos de Rioja en los años noventa. Su colección de añadas históricas refleja toda su filosofía.

La mayoría de bodegas de Rioja presentan sus Reservas en su cuarto año. El 200 Monges Reserva sale con la añada 2014, afinado casi una década. Su apuesta por el tiempo se extrema en su pack de cuatro añadas históricas: 200 Monges Gran Reserva 1994, 1996, 1998 y 1999. He abierto la más antigua, su primera añada 1994. Se presenta con la botella etiquetada, pero es

más emocionante la de su Archivo de Añadas Míticas, con *penicillium* tras 30 años de maduración.

Nació de viñas de más de 45 años, elaborado en tinas troncocónicas de roble francés y criado durante 30 meses en barricas de roble francés y americano, embotellado sin ningún tipo de filtrado. Demuestra que Rioja está a primer nivel mundial en añadas históricas, no solo sus bodegas centenarias, también las nuevas bodegas de los noventa. Espectacular en complejidad, profundidad y frescura. Suave y aterciopelado. Fruta negra, compotas, especias dulces, ebanistería y balsámicos, con taninos maduros y golosos.

Todo el 2024 van a estar celebrando su 30° aniversario con catas de añadas históricas. Estos vinos generan su propio ritual casi místico. Crean momentos únicos e irrepetibles, se catan en silencio, cierras los ojos, te detienen el tiempo, se meditan y al final se comentan.
Lluís Tolosa

100
LA VANGUARDIA
PUNTOS

Las Beatas
2020

DOCa RIOJA. **TELMO RODRÍGUEZ**
(Labastida, Álava)
🍇 Tempranillo, garnacha,
graciano, garnacha blanca
🛢 15 meses 🪙 500€

¡Las Beatas, no te olvides de este nombre! Cinco son los vinos de Rioja que han alcanzado los 100 puntos Parker y este es uno de ellos.

Nace de 1,9 hectáreas en la parte más noroeste de la Rioja Alavesa, una obra de arte icónica que ha cautivado a muchas personas en todo el mundo. Los vinos de Telmo Rodríguez son considerados fuera de lo común por su apuesta por la diversidad y la recuperación de variedades autóctonas. Su trabajo en diferentes regiones de España ha sido reconocido internacionalmente y es considerado como un referente en el mundo del vino y los negocios.

Destacar, entre las cosas más increíbles de este vino, que se cultivan ocho, posiblemente nueve variedades autóctonas juntas. Viñas plantadas en terrazas, con armonía entre viñas viejas y viñas jóvenes, una finca fuera de lo común. Esta diversidad le brinda la capacidad de crear vinos únicos y distintivos que reflejen el carácter de la región.

Cada variedad aporta sus características propias: aromas, sabores y estructura, que se combinan armoniosamente en este vino único, complejo y equilibrado tras su crianza en fudre de 1.200 litros. Su fragancia emborracha y cautiva, para mí es como el *Guernica*, una obra que trasciende fronteras y perdura en la memoria. El único problema de este vino es su escasez, no se busca para nada especular con su precio. Telmo me dijo: "*El mayor problema es atender la demanda de este vino, que ya teníamos por cupos*". Todos lo quieren, pero son pocos los afortunados que pueden disfrutarlo. ¡Si quieres ser inmortal, búscalo! **Zoltan Nagy**

98
LA VANGUARDIA
PUNTOS

Do Ferreiro Cepas Vellas Albariño 2022

DO RÍAS BAIXAS. BODEGAS GERARDO MÉNDEZ (Meaño, Pontevedra) 🍇 **100% albariño** 🍷 **35€**

"Temía hacerme viejo hasta que comprendí que ganaba sabiduría día a día". Esta es una frase atribuida al novelista Ernest Hemingway. Quizás las plantas no sean sabias, pero es innegable que no tienen un pelo de tontas. ¿Cómo, si no, explicamos que se hayan ido desarrollando y adaptado durante su evolución? ¿Cómo explicamos que sean capaces de responder a los estímulos ambientales y enviar señales fitohormonales para comunicarse entre ellas? No hay duda de que cuanta más ancianidad tiene una *Vitis vinifera* mayor profundidad ha de transmitir al vino.

Por todo ello, Do Ferreiro Cepas Vellas debe ser el vino más sabio, erudito y profundo que se elabora en España. Sus viñedos se plantaron *oficialmente* en 1790. Y quizás

fuera en fecha anterior, porque justo ese año hubo un incendio en Meaño y muchos documentos ardieron.

Gerardo y Lola empezaron en la bodega familiar en 1973, pero hasta 1995 no se decidieron a vinificar la parcela de las *cepas vellas* por separado. ¡Menudo acierto! Un mito acababa de nacer. Fue, aparte del Remelluri blanco, de los primeros vinos españoles en venderse por cupo y solo a los grandes restaurantes. Recuerdo lo afortunados que éramos en elBulli restaurante por tener 24 botellas de este vino, que administrábamos celosamente para que durasen todo el año.

Hoy, sus hijos, Encarna y Manuel Méndez, están al mando de la bodega, una de las más prestigiosas del histórico valle del Salnés. Continúan salvaguardando este albariño puro, herbal, fluido, delicado, enorme, granítico y del que solo disfrutaremos 8.000 botellas cada año. **Ferran Centelles**

BENVINGUTS A PAGÈS TOT L'ANY

CONEIX L'ORIGEN A PAGÈS!

Més de 100 experiències a pagès t'esperen a tot el territori català

EXPLOTACIONS · RUTES · RESTAURANTS · ALLOTJAMENTS

RESERVA LA TEVA VISITA A BENVINGUTSAPAGES.CAT

   #BenvingutsaPagès23

ORGANITZA

 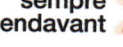

COL·LABORA

WORLD REGION OF GASTRONOMY
CATALONIA AWARDED 2025

Catalunya, un celler immens al teu abast

*Rutes del vi de Catalunya, camins a la felicitat

catalunya ve de gust

Practica l'enoturisme a Catalunya i deixa't endur per la màgia dels seus vins.

 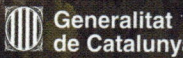

Etern
2018

DOQ PRIORAT. RITME CELLER
(Vilella Alta, Tarragona)
🍇 **75% cariñena, 25% garnacha**
🛢 **12 meses** 🍷 **46€**

Mejor Vino de Catalunya en los Premios Vinari 2023. Ya lo escribí en la edición del año pasado: Albert Jané es uno de los mejores elaboradores de vino en Catalunya. Proviene de cuatro generaciones de bodegueros, pero sobre todo es un gran enamorado de las viñas. Tras varios años en la empresa familiar, en 2003 inició su proyecto personal con la compra de una vieja viña de garnacha plantada en 1932 en Capçanes, en el Priorat de la DO Montsant. Sus otros dos proyectos son Autòcton Celler, en el Penedès, y Ritme Celler, en la DOQ Priorat.

Etern, efectivamente, las viñas viejas que se conservan en los *costers* del Priorat parecen eternas, porque sus raíces son profundas, resistentes, casi espirituales.

En la viña está la clave de este vino, ya que nace de una selección de viñas viejas, de entre 70 y 90 años, arraigadas en los duros suelos de llicorella del Priorat y trabajadas en ecológico. Los rendimientos son tan bajos que cada cepa produce entre 300 y 700 gramos de uva. Se necesitan varias cepas para hacer una botella de este vino.

Priorat puro, ensamblaje tradicional, 75% cariñena, 25% garnacha, con 12 meses de crianza en barricas nuevas de roble francés, eligiendo un tostado muy ligero para respetar la expresión frutal. Identificativo de los vinos amables y auténticos de Albert Jané. Color cereza, vivo y expresivo. Recuerdos a fruta confitada, especias dulces y balsámicos, con final suave y redondo, donde aparecen las notas minerales y los taninos suaves, maduros y pulidos. La revista *Sobremesa* lo situó entre los 5 mejores vinos del Priorat.
Lluís Tolosa

JEAN LEON
Vino de Finca Calificada

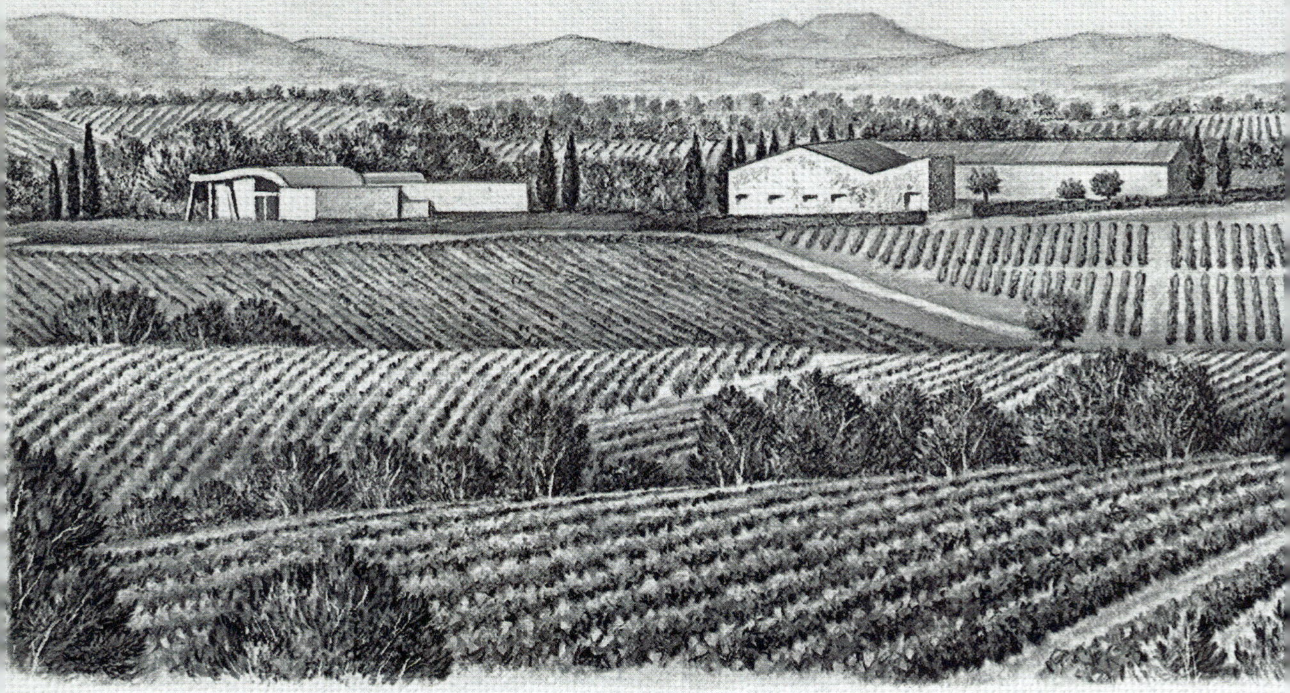

LA MÁXIMA EXPRESIÓN DE UN ORIGEN QUE NOS HACE ÚNICOS.

Vinos ecológicos del Penedès, con la certificación de Vino de Finca Calificada, que avala su singularidad y calidad.

94 LA VANGUARDIA PUNTOS

Jean Leon Vinya Le Havre Reserva 2013

DO PENEDÈS. JEAN LEON
(Torrelavit, Barcelona)
🍇 **85% cabernet sauvignon,**
15% cabernet franc 🛢 **12 meses**
💰 **25€**

Una de las mejores catas de este año en Barcelona ha sido la celebración del 60° aniversario de la bodega Jean Leon (1963-2023). Mireia Torres Maczassek, directora de Jean Leon y quinta generación de la familia Torres, junto a Sergi Castro, presentaron la nueva imagen de sus cuatro Vinos de Finca Calificada: Vinya Gigi, Vinya Palau, Vinya Le Havre y Vinya La Scala, inspirada en las primeras etiquetas de la bodega.

Para comprobar la evolución de un buen cabernet mediterráneo, pudimos comparar el Vinya La Scala Gran Reserva 2016 y 2001. Más de dos décadas después, la añada 2001 mantiene fruta y frescor, nadie acertaría su edad en cata a ciegas. Maduro, cálido y goloso, con grandes notas evolutivas, impecable.

Más emocionante aún fue comparar el Cabernet Sauvignon Gran Reserva 1988 y 1970. Son vinos de otra época, previos al cambio climático, con 12-13 grados, ya que el aumento de temperaturas se inició en los noventa. Cuatro y cinco décadas después mantienen fruta y frescor, evolucionados, terciarios, especiados, mucha ebanistería.

La gran novedad es la edición limitada del Vinya Le Havre 2013, para poder compararla con la añada 2019 que está en el mercado. Le Havre, por el puerto francés donde Jean Leon se embarcó como polizón en 1949 buscando el sueño americano que encontró en Hollywood. Ensamblaje clásico de cabernet sauvignon y cabernet franc. Gran añada 2013, fresca, fina y elegante. Tras una década despliega madurez, profundidad, especias, regaliz negro, hoja de tabaco y hierbas mediterráneas. Pura historia. **Lluís Tolosa**

94
LA VANGUARDIA
PUNTOS

Perelada
Centenario
1923-2023

PREMIO
ANIVERSARIO
LA VANGUARDIA
2024

DO EMPORDÀ. CELLER PERELADA
(Peralada, Girona) 🍇 **67% syrah,**
33% garnacha negra 🛢 **12 meses**
💰 **250€**

El aniversario más importante
de este año en el sector del vino
ha sido sin duda el centenario
de Perelada (1923-2023). Tras la
inauguración de su nueva bodega,
que en 2022 premiamos como el
mayor y más completo proyecto
de enoturismo en España, ahora
han dedicado un año entero a la
celebración de su centenario.

La compra del castillo de Peralada en 1923, por parte de la familia
Mateu, supuso la recuperación de la
actividad vitivinícola de los frailes
carmelitas, documentada desde la
Edad Media. Durante los últimos
treinta años ha sido Javier Suqué
quien ha dirigido la bodega, creando
vinos expresivos de sus cinco fincas
del Empordà e impulsando la nueva
bodega para pasar *de los vinos excelentes a los vinos extraordinarios*.

Este año de celebraciones tuvo su
punto culminante con la exposición
*Perelada 100. Los sentidos de la
historia*, acompañada de una experiencia inédita, sus catas inmersivas
en el espacio IDEAL (Centre d'Arts
Digitals, Barcelona), donde unieron
realidad y metaverso como nunca
se había hecho antes.

Su vino conmemorativo es el Centenario 1923-2023, edición especial
de 1.000 botellas en homenaje a la
familia, en especial a Javier Suqué.
Es un vino que refleja su filosofía y
gusto personal, complejo, elegante,
discreto, clásico y con guiños de
modernidad.

Syrah y garnacha tinta de su
emblemática Finca Garbet, profundamente mediterráneo. Gran carga
frutal, hierbas aromáticas, notas minerales y balsámicas, con el frescor
de las pizarras, la brisa marina y la
tramontana. También conmemorati-
vos, y más asequibles, son sus otros
dos vinos nuevos: Obsequi (15€) i
Amfitrió (15€). **Lluís Tolosa**

94

LA VANGUARDIA
PUNTOS

Finca Tronco Negro Viñedos Singulares Juan Valdelana 2020

DOCa RIOJA. BODEGAS VALDELANA (Elciego, Álava)
🍇 Viura, otras 🛢 12 meses 💰 92€

La visita más apasionante de este año en los premios Best Of Bilbao-Rioja fue a Bodegas Valdelana. Visitamos su *Jardín de las Variedades*, con varias viñas de 1920-1940, una viña experimental con cien variedades del mundo y la rehabilitación de un trujal antiguo de aceite y un lagar rupestre para el pisado tradicional de uva. En el mirador de la Romaneda, último tramo navegable del río Ebro, han instalado un gigantesco columpio con vistas panorámicas, chill-out, terraza, wine bar, food truck y tienda de vinos, donde hacen todo tipo de eventos.

Nos recibió Juan Valdelana, que son 14 generaciones elaborando vino. Consciente que el carisma de su padre, Juan Jesús Valdelana, es casi insuperable, ganador del Best Of 2011, 2013 y 2017, y premio del gobierno vasco a la mejor trayectoria profesional 2017.

Aun así, nos dijo que él y su hermana Judit aspiraban a su propio Best Of. Me encantó su derroche de formación, experiencia, ideas y talento. Y lo consiguió: Best Of 2024 en Experiencias Innovadoras, por "*el impulso de la nueva generación Valdelana, un equipo joven, entusiasta e innovador, capaz incluso de superar los logros de las generaciones anteriores*".

"*Los Viñedos Singulares son el proyecto de mi vida*", me dijo. "*Son tesoros que he ido coleccionando desde los 18 años, plantados entre 1920 y 1940*". De momento salen 7 vinos, todos con la marca Juan Valdelana, "*he dado un paso adelante, aquí dentro vas a ver mi forma de ser y vivir esto*". El Finca Tronco Negro me fascinó. En premier para Martín Berasategui, Arzak, José Andrés y El Celler de Can Roca. Solo 20 unidades para la venta al público. Espectacular. **Lluís Tolosa**

94
LA VANGUARDIA
PUNTOS

Gran Vino
Pazo Barrantes
Albariño 2019

DO RIAS BAIXAS. PAZO
BARRANTES (Barrantes,
Pontevedra) 🍇 100% albariño
🛢 7 meses 🍷 41€

El origen del Pazo de Barrantes se
remonta a 1511, desde entonces liga-
do a la familia Cebrián-Sagarriga y
a episodios relevantes de la historia
de Galicia. Tras años elaborando el
Pazo Barrantes, decidieron retirarlo
del mercado para darle la más alta
autoexigencia de un gran vino.

Tras una larga investigación y mucho trabajo en el viñedo, se le dio
más crianza en barrica y en botella
para que expresar todo su potencial
de maduración. Así nació este nuevo
Pazo Barrantes 2019, con 7 meses
de crianza en barrica de acacia,
solo para un 15% del vino, el resto
en inox, para luego buscar el mejor
ensamblaje. Expresa fruta blanca
de hueso, cítricos frescos, matices
balsámicos y notas a laurel y acacia.

Disponible en edición de coleccio-
nista, con packaging artesanal sos-

tenible, inspirado en las *redeiras*,
las costureras del mar, en colaboración con la artesana gallega Sonia
de Gerónimo. Solo 50 unidades
exclusivas, para la versión magnum
de 1,5 litros (PVP 450€).

Ahora acaba de salir la añada
2020, premiada como Mejor Albariño del Mundo en la prestigiosa
revista americana *Wine & Spirits*.
Meritxell Falgueras

LAN

RIOJA

PART OF

SOGRAPE

WINE in MODERATION

ELIGE | COMPARTE | CUIDA

www.lanencasa.com

94
LA VANGUARDIA
PUNTOS

LAN a Mano 2020

DOCa RIOJA. BODEGAS LAN
(Fuenmayor, La Rioja)
🍇 85% tempranillo, 14% graciano
y 1% mazuelo 🛢 13 meses 🍷 33€

LAN a Mano muestra el gran traba-jo de LAN en los últimos años. Más allá de sus clásicos vinos de gran distribución (LAN Crianza, Reserva y Gran Reserva), que elaboran con 400 hectáreas de diferentes viti-cultores, LAN ha ido desarrollando una gama alta de vinos de su Viña Lanciano, única en Rioja por situación, extensión, microclima y belleza.

Viña Lanciano ocupa un gran meandro del río Ebro, con 24 par-celas adquiridas poco a poco hasta formar un gran viñedo de 72 hectá-reas, de los mayores de Rioja, con suelo muy pedregoso con cantos rodados de origen fluvial. Primero elaboraron el Viña Lanciano y luego nacieron Culmen y LAN a Mano, del Pago El Rincón, 15 hectáreas de cepas de 40-60 años.

LAN a Mano 2020 representa un nuevo paso adelante. Muestra el in-tenso trabajo del equipo interno de enología, con enólogos de Portugal (LAN pertenece al grupo portugués Sogrape), con un reputado Master of Wine y dos prestigiosos periodistas internacionales. Juntos han ajustado la elaboración y crianza, buscando más fruta, fluidez y tensión en boca, reduciendo crianza, cambiando los robles, 9 meses en roble francés y 4 meses en roble del Cáucaso.

La cosecha 2020 fue muy buena en la finca. Le aportaron más gra-ciano, identitario de la finca y faci-litador de las crianzas, y añadieron algo de mazuelo, que aporta color estable, acidez y taninos abundan-tes a la crianza. Les salió impecable. Fruta negra, ciruelas, moras, canela, torrefactos, balsámicos, minerales y taninos amables y afrutados. Ense-guida, 94 puntos Peñín y 94 puntos *Wine Spectator*, Calificado entre los grandes vinos de España, a un precio moderado. **Lluís Tolosa**

94
LA VANGUARDIA
PUNTOS

Coquinero Fino en Rama

DO JEREZ-XÉRÈS-SHERRY.
BODEGAS OSBORNE (El Puerto de Santa María, Cádiz) 🍇 **100% palomino fino** 🛢 **6 años** 💰 **17€**

Defino siempre estos vinos como vinos con una segunda vida y una segunda oportunidad. Partiendo de algo básico y sencillo, se transforman en algo simplemente mágico, una vez han sido bendecidos por la crianza biológica. Otro ingrediente clave será la paciencia, experiencia y buen hacer del capataz, además de estos suelos tan únicos. Todo ello es la clave de su éxito.

En el caso del Coquinero se ha criado de manera tradicional, por el sistema de criaderas y soleras, como mínimo durante unos 6 años. Rinde homenaje a los pescadores de El Puerto de Santa María, ya que Coquinero es el nombre con el que se conoce coloquialmente a los nativos de esta localidad que buscan moluscos o coquinas. Es un homenaje a su arduo y duro trabajo.

Procede de las viñas del Pago Balbaína, uno de los más emblemáticos de la zona. En el proceso de elaboración, el vino se encabeza y permanece largo tiempo con el velo de flor, haciendo nuevamente alarde a la calma y paso del tiempo. Organolépticamente son vinos generosos en todos los sentidos. Su color es algo dorado. Aromáticamente, una explosión de notas y matices a frutos secos tipo almendra, notas oleosas, aceituna, apuntes salinos y toques minerales en honor a la albariza, ese suelo mágico. Su boca, en consonancia con la nariz, es muy amplia, envolvente, plena, punzante, seca y con eterno final. En ese prolongado final destacan las notas marinas y almendradas. Esta bodega es realmente un verdadero templo que merece la visita. Larga vida a Osborne. **María José Huertas**

94
LA VANGUARDIA
PUNTOS

Macán
Clásico
2019

**DOCa RIOJA. BODEGAS
BENJAMIN DE ROTHSCHILD &
VEGA SICILIA (Samaniego, Álava)**
🍇 **100% tempranillo** 🛢 **12 meses**
🍷 **40€**

Este tinto simboliza la enociencia, la innovación y la tecnología de Vega Sicilia en asociación con la Compañía Vinícola Barón Edmond de Rothschild. Dos grandes leyendas del mundo del vino se unieron en Rioja para crear Benjamin de Rothschild & Vega Sicilia (2013). Vega Sicilia no necesita presentación en España, es uno de los grandes mitos del vino español. Pero, para quien no lo sepa, el barón Benjamin de Rothschild preside el grupo financiero LCF Rothschild, con varias bodegas en todo el mundo, entre ellas la mítica Château Lafite. En un encuentro en Burdeos, las dos familias se conjuraron para unir dos grandes culturas del vino.

Macán Clásico es el segundo vino de Rothschild & Vega Sicilia, siguiendo la tradición bordelesa de crear un primer vino emblemático (Macán) y un segundo vino más fácil y asequible (Macán Clásico). También monovarietal 100% tempranillo, de sus 90 hectáreas de viñedo, divididas en 130 pagos adquiridos durante más de una década en los municipios de San Vicente de la Sonsierra, Labastida, Ábalos y El Villar, con una edad media del viñedo de 30-40 años.

Este segundo vino, el Macán Clásico, ofrece una expresión más fresca y frutal, más cercana y accesible que la de su hermano mayor. El tiempo de crianza es más corto, 12 meses en barrica, se reduce el impacto del roble americano y se favorecen los tostados que aportan más frescura, con posterior afinado de 18 meses en botella. Potencial de guarda de 10-15 años. Porque como dijo Giorgio Armani, "*la elegancia no es destacar, sino ser recordado*". **Meritxell Falgueras**

Vins de Finca Qualificada

La força del terrer

Clos Mogador
Celler Clos Mogador

Mas de la Rosa
Celler Vall Llach

Vinya La Scala
Celler Jean Leon

Le Havre
Celler Jean Leon

Vinya Gigi
Celler Jean Leon

Vinya Palau
Celler Jean Leon

Teixar
Celler Vinyes Domènech

Arnau Oller
Celler Oller del Mas

3.9
Celler Abadal

Clos Fontà
Celler Mas d'en Gil

Coma Blanca
Celler Mas d'en Gil

El Mas d'Edetària selecció
Celler Edetària

V d'O 2 Hort d'en Riera
Celler Olivardots

Avi Ton
Celler Eudald Massana

La Serra Blanc
Celler Herència Altés

Singular Blanc
Celler Collbaix

Raïms de la immortalitat
Celler Torre del Veguer

Les Tallades de Cal Nicolau
Celler Ortovins

Especial Picapoll Negre
Celler Oller del Mas

Els Vins de Finca Qualificada (VFQ) són el màxim exponent de la vinculació entre el sector vitivinícola i el seu territori.

El Projecte VFQ és una eina per augmentar el prestigi del vi català i del sector en el seu conjunt

Quins són els requisits principals per poder ser un VFQ?

1 Antiguitat mínima de 10 anys en el registre de la denominació d'origen.

2 El rendiment màxim de producció en vinya ha de ser un 15 % inferior al màxim fixat en el plec de condicions de la DO i una nota superior del comitè de tast.

3 El vi es produeix en un entorn específic, amb les seves pròpies característiques edàfiques i microclimàtiques.

4 El celler i el vi a qualificar com a VFQ compta amb un trajectòria de prestigi i qualitat en el mercat per un període no inferior a 10 anys.

5 S'estableix una traçabilitat específica integral des de la producció a la comercialització.

catalanwines

#Jotriovicatalà

INCAVI
Institut Català de la Vinya i el Vi

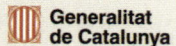
Generalitat de Catalunya

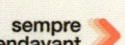
sempre endavant

93
LA VANGUARDIA
PUNTOS

Raïms de la Immortalitat 2022

DO PENEDÈS - MASSÍS DEL GARRAF. TORRE DEL VEGUER
(Sant Pere de Ribes, Barcelona)
Xarel·lo, xarel·lo vermell
6 meses 23€

Este pasado mes de diciembre se presentaron los nuevos vinos distinguidos con la categoría de Vi de Finca Qualificada, la máxima distinción en la pirámide de calidad de los vinos en Catalunya.

El acto solemne se hizo en el Palau de Pedralbes, con Alba Balcells, directora general del Institut Català de la Vinya i el Vi (INCAVI) y posterior cata de los vinos distinguidos, a cargo de Toni Albiol, Mejor Sommelier de Catalunya 2023.

Raïms de la Immortalitat representa muy bien las exigencias de un Vi de Finca Qualificada. Xarel·lo y xarel·lo vermell de la Vinya del Pou, plantada en 1970. Expresa la personalidad de una viña vieja del Massís del Garraf, subzona de la DO Penedès. Muy mediterráneo,

natural de Sant Pere de Ribes, con la influencia de la brisa marina y el Parque Natural del Garraf.

Fermentado en barrica de roble francés y castaño, como era tradición en Catalunya, con 6 meses de crianza. Expresa fruta de hueso, como melocotón, con la fruta envuelta en notas ahumadas, vainilla, incienso, con matices finales balsámicos, a hierbas mediterráneas. Crecerá mucho en botella.

Salvador Dalí fue amigo íntimo de la familia y visitó frecuentemente la Torre del Veguer. La etiqueta muestra un detalle de su obra *Raïms de la Immortalitat* creada por Dalí en 1970, precisamente el año de plantación de la Vinya del Pou. En palabras del propio artista, *"simboliza la inmortalidad contenida en la suspensión biológica"*. Si visitáis la bodega, en la Sala Dalí conservan objetos únicos, varias ilustraciones y una carta escrita por el artista con el pintalabios de su esposa Gala. **Lluís Tolosa**

Cruor Clàssic 2019

DOQ PRIORAT. CASA GRAN DEL SIURANA (Bellmunt del Priorat, Tarragona) 🍇 **Garnacha, cariñena, syrah** 🛢 **14 meses** 💰 **21€**

Nueva imagen para un gran clásico del Priorat. Esta añada 2019 le aporta un diseño más fresco y contemporáneo, con una lustración que remite a la herencia histórica de la finca La Fredat.

El Cruor se elabora exclusivamente con uvas de esta finca, un viñedo estructurado en terrazas que aporta gran variedad y complejidad por sus diferentes suelos, altitudes y orientaciones. Su perfil de clásico del Priorat se estructura siempre en torno al ensamblaje equilibrado de garnachas y cariñenas, en una proporción que varía ligeramente en cada añada. Como esta cosecha 2019 fue cálida, en esta añada se ha reducido la proporción de garnacha y se ha incrementado la presencia de la syrah, igualmente mediterránea pero no tan cálida.

También se han controlado más las maceraciones, evitando mucha extracción, y se ha afinado especialmente bien con sus 14 meses de crianza en barricas de roble francés y su tiempo de reposo en botella. Muy expresivo de la finca La Fredat. Complejo, sereno y profundo. Es un vino que se despliega por capas, mostrando sus diferentes matices. Gustos a frutos rojos y moras negras, suave envoltura a hierbas mediterráneas y sotobosque, luego aparecen los matices especiados y al final los balsámicos y las notas más minerales. Al final todo encaja, con los taninos redondos y maduros, muy bien elaborado.

Casa Gran del Siurana se estableció en 2007 en la antigua Cooperativa Agrícola de Bellmunt del Priorat. Jordi Alentorn es el jefe de viticultura y Anna Gallisà es la enóloga desde 2013. Tras ellos está Delfí Sanahuja, director técnico del grupo Perelada. **Lluís Tolosa**

93
LA VANGUARDIA
PUNTOS

Formiga de Vellut 2020

DOQ PRIORAT. CLOS GALENA
(El Molar, Tarragona) 🍇 **60%**
garnacha, 20% cariñena, 20%
syrah 🛢 **8 meses** 💰 **18€**

Clos Galena ha ganado el prestigioso premio The European Award 2023 en la categoría de Bodega del Año. Merche Dalmau, propietaria de la bodega, recogió el premio personalmente en la ceremonia celebrada el pasado 29 de noviembre en el emblemático Hotel Ritz de París.

Nuestra alegría es inmensa, porque Merche Dalmau se lo merece todo. El proyecto de Clos Galena lo creó con su marido Miquel Pérez. Ella es licenciada en farmacia y titular de la Farmacia Dalmau de Reus. Durante años compartieron la ilusión de crear una bodega sostenible y ecológica en una finca de El Molar, bastante innovadora en el Priorat de 1999.

Pero su marido falleció en 2013. Merche, que se ocupaba de la farmacia, asumió la dirección de la bodega casi sin fuerzas y sin conocimientos. Salió adelante gracias a su equipo, sobre todo a Toni Coca, director técnico de la bodega.

Con valor, ilusión y arte empresarial, alguien desde allá arriba también ayudó a alinear los astros. *Decanter* la situó entre las mejores bodegas del Mediterranian Fine Wine Encounter (Londres, 2015). Al año siguiente, el Galena fue el único vino español con Grand Gold en el Mundus Vini BioFach 2016 y luego entró en el Top 100 de la revista norteamericana *Wine Spectator*.

La guinda fue que el Formiga de Vellut fue uno de los tres vinos elegidos para el banquete de los Premios Nobel 2017 celebrado en Estocolmo, Suecia. Aunque exporta el 80% de la producción, desde entonces guarda este vino para el mercado nacional. Este vino es un orgullo de mujer y un orgullo de país. **Lluís Tolosa**

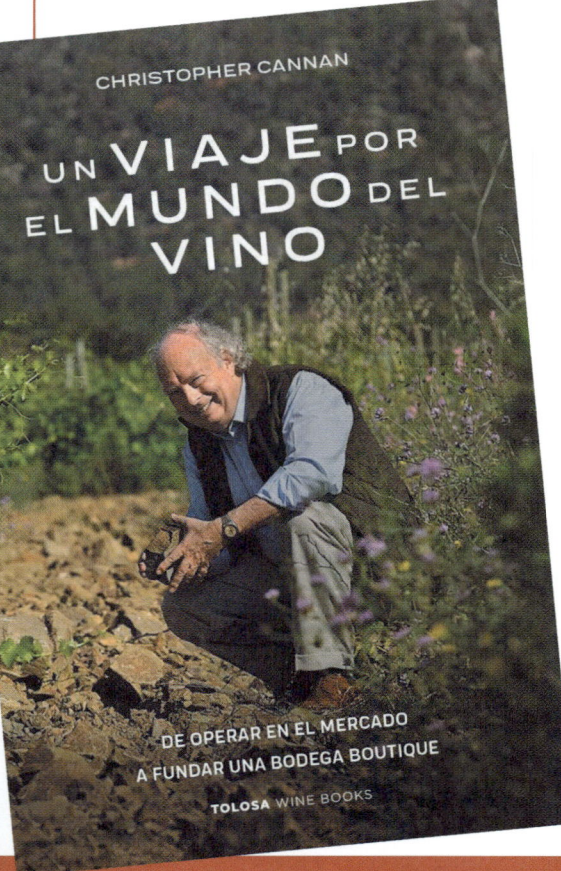

93
LA VANGUARDIA
PUNTOS

Font de la Figuera 2021

DOQ PRIORAT. CLOS FIGUERAS
(Gratallops, Tarragona)
🍇 **50% garnacha, 30% cariñena,**
10% cabernet sauvignon, 10%
syrah 🛢 **12 meses** 🍷 **33€**

Con un cupaje eminentemente local, 50% garnacha y 30% cariñena, y su complemento francés de cabernet sauvignon y syrah, este vino es el reflejo de la familia Cannan. De origen francés-inglés, pero afincados en la DOQ Priorat, hacen algunos de los vinos internacionalmente más reconocidos y tienen una propuesta de enoturismo en Gratallops de las más concurridas y gastronómicas.

Cristopher Cannan fue uno de los promotores internacionales del Priorat y este año tenemos la suerte de poder leer sus memorias, publicadas primero en inglés y ahora en español. En su libro, *Un viaje por el mundo del vino*, repasa la evolución de los principales mercados del vino en el mundo en los últimos 50 años, y también explica su aventura

familiar para crear vinos propios en Priorat y Montsant.

Ahora es Anne-Josephine Cannan quien con la asociación Mujeres del Vino mantiene la prestigiosa y puntuada bodega Clos Figueras *en vogue* y con su artesana elaboración.

Font de la Figuera tiene un cupaje muy rico, seductor y elegante, parecido al de su hermano mayor, el Clos Figueres. Envejecido durante 12 meses en barricas de roble francés de 500 litros de uno y dos años. Esta cereza picota de entrada golosa y toques minerales es sumamente adorable con cordero, canelones y carne roja. Los taninos son maduros, muy bien integrados y con mucho cuerpo. Gran final, largo y muy persistente, con un agradable postgusto especiado y tostado. Con tiempo, van apareciendo las notas herbáceas y más especias. Fondo balsámico con algún toque floral, de larga longevidad en botella.

Meritxell Falgueras

Clarión
2020

**DO SOMONTANO. VIÑAS DEL
VERO (Barbastro, Huesca)**
🍇 Chardonnay, gewürztraminer,
otras 💶 19€

Clarión siempre me ha sorprendido
porque es especialmente expresivo,
afinado y equilibrado en todas sus
añadas. Forma parte de la Selección de Viñas del Vero, junto con
el tinto Gran Vos, donde su equipo
técnico expresa más creatividad y
personalidad.

El secreto de su armonía es que
cada año varían el ensamblaje de
variedades blancas para lograr
la mejor expresión y el mejor
equilibrio. Seleccionan sus mejores
viñedos, elaboran distintas microvinificaciones y obtienen diferentes
vinos blancos monovarietales,
preferentemente de chardonnay y
gewürztraminer, aunque también
de otras variedades. Luego ensamblan esos vinos en las proporciones
más adecuadas para crear un gran
vino blanco de guarda.

Es uno de los blancos más
emblemáticos de la DO Somontano. Nacido con la cosecha 1996 y
catapultado a la fama con la añada
2002, cuando se sirvió en la cena
anterior a la boda de los actuales
reyes de España, D. Felipe y Dña.
Leticia. Su gran singularidad como
vino blanco de guarda es que se
elabora sin ningún paso por madera. Pura expresión frutal, buscada a
conciencia. Primero, dejando ma-
durar más tiempo algunas partes
de algunos viñedos para obtener
mayor concentración en la pulpa de
las uvas. Y luego, una vez logrado
el ensamblaje ideal, con crianza
exclusivamente en botella, saliendo
al mercado en su tercer año, ahora
sale la añada 2020. Destaca por su
magnífica evolución. Siempre suave, elegante y sedoso. Expresa fruta de hueso, notas florales y finos
especiados que se van ampliando,
tanto en la copa como en la botella.
Excelente relación calidad-precio.
Apuesta segura. **Lluís Tolosa**

93
LA VANGUARDIA
PUNTOS

Vivanco Brunes 2020

PREMIO
MEJOR PROYECTO DE ENOTURISMO
LA VANGUARDIA
2024

DOCa RIOJA. BODEGAS VIVANCO
(Briones, La Rioja) 🍇 **90%**
tempranillo, 10% maturana tinta
🛢 **12 meses** 🪙 **16€**

Este vino de municipio, ecológico y vegano, es un homenaje a la mitología de Briones y a su auténtico paisaje. Es la última innovación del enólogo Rafael Vivanco, que bebe de la pasión por la cultura del vino en mayúsculas durante cuatro generaciones.

Brunes nace de dos fabulosas parcelas de viña propia: Orizabal, donde cultivan el tempranillo, y La Isla, donde tienen la maturana tinta, una variedad riojana de la que Vivanco es el mayor cultivador. Color rojo violáceo, fresco y joven, tras 12 meses de crianza en barricas de roble francés, depósitos de hormigón y acero inoxidable, con 9 meses de afinado en botellero.

El nombre de Brunes alude a la denominación medieval de Briones, como consta en documentos del siglo VIII. La etiqueta luce la imagen del sacacorchos Red Devil, diseño americano de Gerald Youhanaie, registrado en 1985 y expuesto en la colección visitable del Museo Vivanco de la Cultura del Vino, posiblemente el mejor museo del vino del mundo.

El museo acaba de recibir el premio *Best Of Special Achievement Award*, otorgado por Great Wine Capitals (GWC), la Red Mundial de Grandes Capitales del Vino, en Lausanne, Suiza. Este premio especial solo se entrega a proyectos realmente excepcionales. De hecho, antes solo se había entregado en dos ocasiones: a La Cité du Vin (Burdeos) en 2019, y a World of Wine (WOW, Oporto) en 2021, con el mérito de que Vivanco es la única privada. Son méritos admirables para que este año el Museo Vivanco de la Cultura del Vino sea premiado en esta guía como el *Mejor Proyecto de Enoturismo de España*. **Meritxell Falgueras**

por sus variedades autóctonas tintas

Este año las variedades autóctonas tintas que hemos elegido han sido las tres grandes clásicas, **tempranillo, garnacha y cariñena**, con las que tradicionalmente se elaboran magníficos vinos tintos.

Entre las variedades tintas minoritarias, hemos seleccionado algunos vinos realmente auténticos y autóctonos, elaborados con las variedades **brujidera, sumoll, escursac y trepat**.

Con esta última variedad, hemos premiado el Glatim 2022 (DO Conca de Barberà) con el **Premio Revelación del Año**, por este monovarietal 100% trepat de viñas de 65-80 años, elaborado por la Cooperativa Vinícola de Sarral, el mayor productor de trepat del mundo.

CULTIVANDO
EXCEPCIONALIDAD

Una propuesta enológica singular cimentada en la arquitectura de paisaje, la sostenibilidad, la integración en el territorio y el enoturismo de primer nivel.

98
LA VANGUARDIA
PUNTOS

Vins Nus
Tabla Rassa
Per Se 2019

Sin DO. ALFREDO ARRIBAS
(Vila del Lloar, Tarragona)
🍇 **100% garnacha negra**
🍷 **20 meses** 💰 **62€**

¡Quizás el vino que más me gustó este año! El que más me gustaría beber siempre que haya botellas disponibles. Un proyecto que nace realmente del corazón, para que llegue directo al tuyo. El arquitecto Alfredo Arribas busca la simbiosis entre arquitectura y naturaleza, integrando los viñedos y la bodega con terrazas, muros de piedra y un cuidadoso diseño que resalta la belleza del paisaje para llevarlo a la copa. Mima sus viñas de alrededor de 50 años, con trabajo en ecológico y prácticas de biodinámica.

En su vino se ve la dificultad de la sencillez. Alfredo Arribas entiende que la arquitectura influye en la vinificación. Diseña espacios que optimizan el proceso de producción, asegurando las condiciones ideales de luz, temperatura y humedad.

Conociéndole, tras hablar con él varias veces, sé que la textura y el color son aspectos básicos en la experiencia sensorial del vino.

A pesar de que elabora vinos con DOQ Priorat y DO Montsant, su colección Tabla Rassa busca partir de cero, de la pizarra en blanco, prescindiendo de cánones y normas establecidas. Son vinos fieles a la autenticidad del terruño, sin acogerse a ninguna denominación de origen. Esta garnacha del Priorat es elegante y compleja, con notas a frutas rojas y especiados tras 20 meses de crianza en diferentes formatos de cerámicas y porcelana. Recuerdo una frase suya que para mí es la esencia de este vino: *"elaborar este vino fue mirar atrás, caminando hacia adelante".* Cuando estás ante proyectos con alma, te emocionas y sabes que se abre un nuevo camino. **Zoltan Nagy**

94
LA VANGUARDIA
PUNTOS

Brujidera
2022

VT CASTILLA. #GARAGEWINE
(Quintanar de la Orden, Toledo)
🍇 **100% brujidera** 🔖 **18€**

«Pero dígame, señor, por el siglo de lo que más quiere, ¿este vino es de Ciudad Real? ¡Bravo mojón!». Un mojón era una persona docta y entendida en vino en tiempos cervantinos, y así describía Don Quijote las cualidades catadoras de Sancho Panza, capaz de adivinar a ciegas la procedencia de un vino manchego.

En 1605, cuando se publicó esta obra, el vino castellanomanchego era conocido y reputado. Más tarde, desafortunadamente, una mentalidad productivista situó estos vinos a la cola de la calidad. Por suerte, el reloj del tiempo gira inflexiblemente y hoy marca una nueva era con casos como el de Jesús Toledo y Julián Ajeno, dos primos que en 2015 iniciaron un minúsculo proyecto, en cantidad, apenas 18.000 botellas, pero

magno en calidad y filosofía. Su nombre: #garagewine.

Gracias al Centro de Investigación de la Vid y el Vino de Castilla-La Mancha (IVICAM) y a proyectos como #garagewine se ha retomado la recuperación varietal en Castilla-La Mancha. Pronto nos familiarizaremos con nombres como albillo dorado, moscatel serrano o tinto fragoso. ¡Ya mi emoción se anticipa pensando en degustarlos!

La brujidera es una variedad local también conocida como moravia dulce o crujidera, por su piel gruesa y crujiente. Tradicionalmente se colgaban sus racimos en las casas para concentrar su azúcar y disfrutarlos en Navidad. Pero Jesús y Julián han elaborado este tinto de trago fácil, sin barrica, utilizando en la fermentación un poco de raspón, la parte leñosa del racimo, para *"aportar un toque de electricidad al vino, es la clave"*, como explica Jesús. A disfrutar sin pensar.
Ferran Centelles

94
LA VANGUARDIA
PUNTOS

Figuero
Viñas Viejas
2019

DO RIBERA DEL DUERO.
BODEGAS TINTO FIGUERO
(La Horra, Burgos)
🍇 **100% tempranillo**
🛢 **15 meses** 💰 **35€**

"*Los detalles hacen la perfección, y la perfección no es un detalle*", decía Leonardo da Vinci (1452-1519). La finura de este monovarietal de tempranillo viene del clon de las viñas de la familia García Figuero, procedente de cepas prefiloxéricas de los religiosos franceses llegados a La Horra a principios del siglo XX, y del resto de detalles de su cuidadosa elaboración.

Vino de paraje, fruto de la selección de parcelas del paraje de Zaloño, plantado entre 1942 y 1965, con la delicadeza de la vendimia manual en canastos de castaño de 12 kg, exhaustiva selección de racimos en la viña y transporte minucioso e inmediato a la bodega. La elaboración es igualmente cuidadosa, con encubado en depósitos por

gravedad, sistema OVI, después del despalillado, maceración pelicular en frío y fermentación alcohólica espontánea.

Impresiona en copa por su capa alta, su exquisito color picota intenso y la prestancia de sus densas lágrimas. Fruta negra, moras, matices especiados, a pimienta rosa y negra, semilla de cilantro y caja de puros. Sorprende por la complejidad de sus toques a regaliz, nuez moscada, cuero fino y notas balsámicas. Magnífica boca, densa, amplia y aterciopelada, con refinada acidez. Los taninos bien maduros, fruta confitada ensamblada con distinción tras 15 meses en barricas de roble francés de 225 y 500 litros.

Se recomienda decantarlo para mostrar toda su expresividad. Capacidad de guarda de más de quince años, gracias a la potencia de su añada y al perfeccionismo en los detalles en viña y en bodega.
Meritxell Falgueras

94
LA VANGUARDIA
PUNTOS

Gaintus Vertical 2017

DO PENEDÈS. MONTRUBÍ (Font-rubí, Barcelona) ❦ **100% sumoll**
⚱ **12 meses** 🍇 **35€**

MontRubí es el gran referente en la recuperación de la variedad sumoll, la tinta más cultivada en el Penedès antes y después de la filoxera. Es una variedad con larga tradición en Catalunya, ya destacada en el primer listado de variedades de Manuel Barba i Roca (1787).

Su cultivo decayó a partir de los años cincuenta, con el éxito de las variedades blancas para la elaboración de cavas y la plantación progresiva de variedades francesas. En la década del 2000, MontRubí lideró su recuperación como variedad autóctona y de calidad, desafiando su fama de poca intensidad cromática y dudosa evolución y proyección enológica.

El nombre de Gaintus se inspira en una ruta de escalada, junto con la verticalidad de su etiqueta, por el gran desafío que suponía crear un

monovarietal 100% sumoll. Lo he ido probando en diferentes añadas y sin dudarlo lo incluí en mi *Guia dels 100 millors vins de Catalunya*, situándolo entre los 12 mejores vinos del Penedès.

Procede de viñas plantadas en 1955 sobre suelos de pizarra gris. Concebido para expresar la autenticidad de la variedad sumoll, por eso no pasa por madera. Las delicadas notas varietales y el frescor natural se logran tras 12 meses en huevos de hormigón de 700 litros, que le aportan frutosidad, elegancia y equilibrio. Luego se afina pacientemente, mínimo 48 meses en botella. Se recomienda decantarlo antes de servirlo.

Mucha fruta roja, cerezas frescas, maduras, notas tostadas, cedro y hierbas mediterráneas, con claro fondo mineral y su característica acidez, que le aporta tensión, frescor y longevidad. Mejorará en botella, mucho. **Lluís Tolosa**

93
LA VANGUARDIA
PUNTOS

L'Equilibrista
Garnatxa
2018

DO CATALUNYA. CA N'ESTRUC
(Esparreguera, Barcelona)
🍇 **100% garnacha negra**
🛢 **14 meses** 🔖 **25€**

He escrito muchas veces sobre
los vinos de Ca N'Estruc y su finca
histórica situada a los pies de la
montaña de Montserrat, documentada desde el año 1548, que puede
acogerse a una DO gracias a la DO
Catalunya, ya que en Esparreguera
(Barcelona) no hay otra. Pero no sa-
bía que Ca N'Estruc consta, además,
como la primera bodega inscrita en
la DO Catalunya, desde 1999.

Tampoco conocía la historia
personal de Siscu Martí. En los años
ochenta, le propuso a su padre
cambiar el método de elaboración
de sus vinos, complementarios
de sus otras actividades agríco-
las y ganaderas. Pero tenía que
demostrarle las mejoras, así que
elaboraron la mitad de la uva por el
sistema tradicional familiar y la otra
mitad siguiendo las pautas de un

enólogo de confianza. Al ver la me-
jora real de la calidad, su padre le
delegó la dirección de la finca y la
bodega. Desde entonces se dedica
exclusivamente a la viña y el vino.

El otro punto de inflexión fue en
2014, al incorporarse su hija mayor,
Anna Martí, orientándose hacia el
cultivo ecológico y biodinámico,
las elaboraciones singulares y
artesanales, sin filtrar ni clarificar,
sin sulfitos ni otros aditivos.

Siempre había catado L'Equilibrista Blanco y L'Equilibrista Tinto,
pero no conocía L'Equilibrista
Garnatxa. Me ha parecido el mejor
de los tres. Monovarietal 100% garnacha con crianza de 14 meses en
depósitos troncocónicos de roble
francés. Una garnacha concentrada,
jugosa y carnosa. Pura fruta roja,
confitura de moras, frambuesas,
grosellas, con las notas florales más
tenues que en otras garnachas, y
más potentes las notas a hierbas
mediterráneas. **Lluís Tolosa**

93
LA VANGUARDIA
PUNTOS

Legaris Gumiel de Mercado 2019

DO RIBERA DEL DUERO. LEGARIS
(Curiel de Duero, Valladolid)
🍇 **100% tinto fino** 🛢 **11 meses**
🍷 **35€**

Pura concentración, por cuatro factores que dan un estilo muy diferenciado de la Ribera del Duero. En primer lugar, muestra el carácter extremo de la altitud en la meseta castellana. Procede de dos viñedos situados a 910 metros de altitud, una altura totalmente impensable tanto para los vinos mediterráneos como para los vinos atlánticos españoles.

El segundo factor de concentración, que se suma al anterior, es que expresa toda la dureza de unos suelos extremadamente pobres, especialmente pedregosos y arcillosos, con bajo contenido en materia orgánica. La combinación de los dos factores alarga el ciclo vegetativo de la viña, da cosechas más tardías y ralentiza y concentra las maduraciones.

El tercer factor de concentración es la añada. Los dos factores anteriores son beneficiosos en añadas cálidas, y la cosecha 2019 vino marcada por la calidez y la escasez de agua, que dio una vendimia escasa, pero con gran potencia y concentración.

Esta es la quinta añada de su colección de Vinos de Pueblo, expresiva de esos dos viñedos de Gumiel de Mercado (Burgos). En este caso, profundamente varietal, 100% tinto fino (o tempranillo), con un cuarto factor de concentración, que no solo fermenta con levaduras autóctonas, sino que también han querido embotellarlo en rama, sin clarificar y sin filtrar.

Solo 3.846 botellas numeradas de esta potente vendimia, considerada una de las grandes cosechas de guarda de Ribera del Duero. Hay que airearlo, incluso decantarlo. En buenas condiciones de conservación, buena evolución en botella los próximos 15-20 años. **Lluís Tolosa**

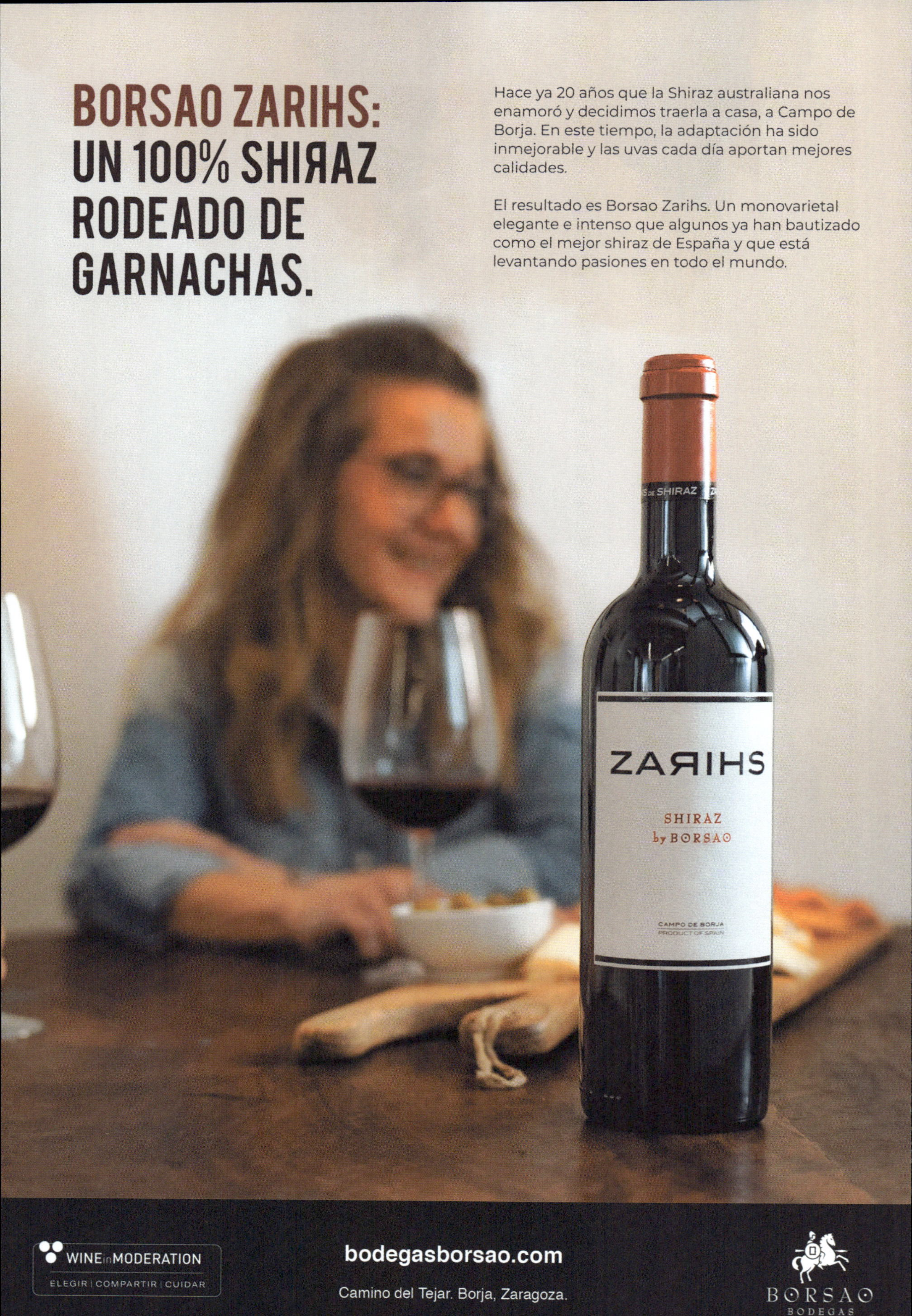

BORSAO ZARIHS: UN 100% SHIRAZ RODEADO DE GARNACHAS.

Hace ya 20 años que la Shiraz australiana nos enamoró y decidimos traerla a casa, a Campo de Borja. En este tiempo, la adaptación ha sido inmejorable y las uvas cada día aportan mejores calidades.

El resultado es Borsao Zarihs. Un monovarietal elegante e intenso que algunos ya han bautizado como el mejor shiraz de España y que está levantando pasiones en todo el mundo.

ZARIHS

SHIRAZ
by BORSAO

CAMPO DE BORJA
PRODUCT OF SPAIN

bodegasborsao.com

Camino del Tejar. Borja, Zaragoza.

BORSAO
BODEGAS

93
LA VANGUARDIA
PUNTOS

Zarihs Shiraz by Borsao 2019

DO CAMPO DE BORJA. BODEGAS BORSAO (Borja, Zaragoza)
🍇 **100% syrah** 🛢 **12 meses** 🍾 **15€**

Casi siempre que elegimos vinos de Borsao es por su excelente relación calidad-precio, eso es indiscutible, llevo tres décadas destacándolos en todos mis libros de vinos. Robert Parker ya lo dijo en su día, que Borsao era su "*bodega favorita, no solo en España, sino en el mundo, por su gran relación calidad-precio*".

Borsao también es insuperable elaborando garnachas. La DO Campo de Borja es el *Imperio de la Garnacha* y Borsao es sin duda el gran protagonista. Cuentan con 2.100 hectáreas de viñedo, el 36% del total, con un 54% de la viña dedicada a la garnacha. Son los grandes especialistas en garnachas y su Tres Picos es uno de nuestros grandes vinos favoritos.

Menos conocido en su trabajo con la syrah desde hace dos décadas. Las primeras cepas las plantaron en

2002 a los pies del Moncayo (2.314 m), a 350-600 metros de altitud, donde la syrah madura bien gracias a la gran insolación, mantiene el frescor gracias a los suelos calizos y se beneficia del cierzo, el viento del noroeste que en esta zona sopla más de 200 días al año. La syrah complementa muchas de sus garnachas, pero demuestra gran personalidad en solitario.

El resultado es espectacular. Un syrah oscuro, goloso, intenso y concentrado. De estilo más australiano que mediterráneo, ya que en su momento tuvieron un asesor australiano. De ahí el nombre, Zarihs, de shiraz, con la terminología anglosajona, pero al revés. Mejor Syrah de España en la aplicación *Vivino*. Incluido en el Top 100 del mundo de la prestigiosa revista *Wine Spectator*. Justamente situado en el Top 10 del concurso Syrah du Monde en Francia.
Lluís Tolosa

92 LA VANGUARDIA **PUNTOS**

Maria Ganxa de Pascona 2022

DO MONTSANT. **CELLER PASCONA**
(Falset, Tarragona)
🍇 **100% cariñena** 💰 **12€**

Este vino es un homenaje a una popular leyenda de Falset que se contaba a los niños sobre el personaje de Maria Ganxa, más o menos la versión local del hombre del saco.

Un vino interpretado con viñas viejas de cariñena, definido en un *terroir* arcilloso. Aclara la historia del Celler Pascona explicando el pasado, presente y futuro de los vinos de *terroir*. Expresa la coexistencia en la finca de arcillas, principalmente, que anuncian su frutosidad, con granito, que revela pureza y profundidad, y la llicorella que justifica su carácter más salvaje.

Este monovarietal de cariñena relata, con su maceración y fermentación en depósitos de 5.000 litros y su *pigeage* durante 5-8 días, la moda que viene. Los vinos con una gran *drinkability*, es decir, con habi-

lidad para ser bebidos, disfrutados, servidos frescos, sin abuso de la maceración pelicular ni la madera. De esos vinos que es fácil abrir otra botella.

Ya ganó el Premi Vinari 2020 al mejor vino tinto joven de Cataluña. Y cada año lo hacen mejor. Su declaración de intenciones se ve a simple vista: ribete violáceo, capa media-baja, nítido y brillante. Ilustra una crianza reductiva con lías finas en depósitos de acero inoxidable durante 3 meses, que no enmascara el carácter principal: el varietal. Aromas a frescor, frutos rojos silvestres, rosas y el contrapunto de especiados y hierbas provenzales.

Porque el mejor vino no es el que demuestra fuerza, si no el que ayuda a ser hilo conductor en una comida, el que hace manifestar mejor el pensamiento y provoca la conversación más deliciosa.
Meritxell Falgueras

92 LA VANGUARDIA PUNTOS

Vins Oblidats Escursac 2021

VINOS DE LA TIERRA DE MALLORCA. CA'N VERDURA VITICULTORS (Binissalem, Mallorca) ♛ Escursac ℅ 17€

Es una maravilla visitar esta bodega, sus viñas y su entorno, y sobre todo dejarte seducir por el entusiasmo que pone Tomeu Llabrés en sus explicaciones del terruño, las variedades, los suelos y sus vinos. Estas variedades de uva son joyas con las que estamos menos familiarizados y nos cautivan al descubrirlas.

Se trata de una parcela muy pequeña en pleno Binissalem, en la finca de Sa Fiola. El suelo es muy férrico y de ahí su color rojizo, donde cultivan una variedad tinta autóctona y recuperada como es la escursac. Todos estos son ingredientes clave en este preciado y particular vino tinto. La viticultura es de respeto máximo con el medio ambiente y se trabaja con la mínima intervención. En la

elaboración de este vino tinto, una parte de la uva se introduce entera en depósitos de acero inoxidable y se mantiene sobre lías durante un periodo aproximado de 4 meses.

La variedad escursac es una variedad elegante, de poco cuerpo, fragante, con buena acidez y sorprendente. En este vino tinto balear ha logrado mostrar su esencia. El vino es de color granate intenso, brillante y atractivo a la vista. En nariz apreciamos infinidad de matices, con predominio de fruta roja, tipo fresa y frambuesa fresca. Otras frutas como cereza o grosella también asoman. En su jugoso paso por boca se expresa herbáceo, floral, mineral y un poco balsámico. En todo el recorrido disfruta además de una acidez vibrante y una fruta muy destacable. Deja para el final las notas herbales y a piedra. **María José Huertas**

91
LA VANGUARDIA
PUNTOS

(im)paciencia
2022

DO TERRA ALTA. (IM)PACIENCIA
(Batea, Tarragona)
🍇 **Garnacha negra, garnacha**
peluda 🍷 **16€**

Elaborado por la joven pareja de
Guillem Chumilla y Carol Murtra, en
colaboración con el enólogo Òscar
Navas, conocido por sus vinos La
Furtiva en la DO Terra Alta. En su
primera añada han creado dos
vinos, un blanco monovarietal
de macabeu y este vino tinto de
mínima intervención elaborado con
garnacha negra y garnacha peluda.

Guillem y Carol están ubicados
en Batea, en la comarca de la Terra
Alta, donde tienen 6 hectáreas de
viñas, oliveras y bosques de enci-
nas. Además del cultivo de la viña,
también tienen un interesante proyecto de cultivo de trufa ecológica.
La base de sus vinos es el respeto
por las viñas viejas, algunas de 70
años, que cultivan ecológicamente
y de forma sostenible. Son viñas
viejas de secano, con vendimia

manual selectiva, así que las producciones son muy bajas, dando
pequeños racimos con alta concentración de aromas y sabores.

En su elaboración de mínima
intervención, los racimos se des-
palillan, pero sin triturar las uvas.
Fermenta espontáneamente con levaduras autóctonas en depósito de
acero inoxidable. Sin ningún paso
por madera, para dar protagonismo
a la expresión frutal y conocer mejor las posibilidades de estas dos
garnachas, buscando mostrar las
virtudes de la garnacha peluda.

El resultado es un tinto suave,
fresco y ligero, pero con buena profundidad. Predominan los frutillos
rojos envueltos en notas florales y
especiadas. La expresión frutal se
equilibra muy bien con el frescor
de su acidez, que le aporta tensión,
y su final redondo, con los taninos
muy finos. Un nuevo proyecto pro-
metedor, para darle seguimiento.
Lluís Tolosa

91
LA VANGUARDIA
PUNTOS

Portell
Glatim
2022

PREMIO
**REVELACIÓN
DEL AÑO**
LA VANGUARDIA
2024

DO CONCA DE BARBERÀ.
**COOPERATIVA VINÍCOLA DE
SARRAL (Sarral, Tarragona)**
🍇 **100% trepat** 🛢 **4 meses** 🍷 **15€**

Premio Revelación del Año. La gran
novedad de la Cooperativa Vinícola
de Sarral y el vino joven que más
nos ha sorprendido este año. Por
supuesto, monovarietal 100%
trepat, ya que son los mayores productores de trepat del mundo.

Como ellos mismos dicen, este
vino es el "*fruto de la perseverancia
de quienes trabajan las dos viñas
seleccionadas y del trabajo del
equipo de enología de la bodega*".
De ahí su nombre, del verbo *glatir*
(*nosaltres glatim*), tener deseo de
beber o comer algo que se tiene
delante.

Cuando dispones de 1.150 hectáreas de viñedos puedes escoger algunas viñas únicas para hacer vinos
únicos. Este es un trepat de perfil
nuevo y diferente respecto a los
trepats que venían elaborando, y

el viñedo tiene mucho que ver. Las
viñas del municipio de Sarral son de
las más altas de Catalunya, entre los
350 y 700 metros de altitud. Para
este vino han seleccionado dos
viñas muy viejas, Urní de 65 años y
Prat de Meda de 80 años, vendimiadas a mano bien entrado el otoño,
el 7 de octubre, cuando logran una
buena maduración.

Se elabora con mínima intervención y largas maceraciones. Solo un
20% del vino hace una corta crianza
de 4 meses en barrica de roble
francés de 300 litros, el resto se
mantiene en acero inoxidable para
mantener el frescor y la frutosidad.
Luego ensamblan los dos vinos,
buscando un perfil de vino joven,
color grosella con tonos morados.
Cuerpo, color y graduación ligera,
tres rasgos típicos de la variedad.
Frutos silvestres, violetas, hierbas
mediterráneas y especias, con final
fresco y jugoso. Certificación de
agricultura ecológica (CCPAE).
Lluís Tolosa

por sus variedades autóctonas blancas

La selección de vinos de variedades autóctonas blancas de este año es de las más **extensas y completas** que hemos hecho hasta el momento.

Este año destacan especialmente los vinos blancos elaborados con **garnacha blanca y malvasía**, pero sobre todo los elaborados con **xarel·lo y xarel·lo vermell**.

También hemos seleccionados buenos blancos de viura, verdejo, albillo mayor, parellada, tempranillo blanco y palomino blanco, que demuestran nuestra gran riqueza de variedades blancas.

Premio Mejor Vino Blanco para el Avgvstvs Microvinificacions 100% malvasía de Sitges, de Cellers Avgvstvs Forvm (Penedès).

ABADAL

Al cor del Bages,
el temps s'atura
en un paisatge
de vinya i bosc.

ABADAL | 08279 Santa Maria d'Horta d'Avinyó (Barcelona)
Informació Enoturisme: visita@abadal.net | +34 666 732 969
Reserves Enoturisme: www.abadal.net

96
LA VANGUARDIA
PUNTOS

Avgvstvs Microvinificacions Malvasia de Sitges

PREMIO
**MEJOR
VINO BLANCO**
LA VANGUARDIA
2024

DO PENEDÈS. CELLERS AVGVSTVS FORVM (El Vendrell, Tarragona) 🍇 **100% malvasía de Sitges** 🍷 **15€**

"*La riesling del Mediterráneo*", así llama el sumiller sitgetano David Martínez a la malvasía de Sitges. A principios del siglo XVIII ocupaba el 25% de la tierra agrícola del Garraf. Sin embargo, prácticamente desapareció durante la filoxera debido a su caprichoso carácter y resistencia a ser injertada.

Por suerte, el diplomático Manuel Llopis i de Casadas (1885-1935) quiso preservarla legando un viñedo al Hospital Sant Joan Baptista. Pero hubo condiciones, el Hospital debería hacerse cargo de la viña, no podría arrancarla y debería producir y vender el vino todos los años. Gracias a ello, esta deliciosa, explosiva y fragante variedad sobrevivió y hoy ocupa unas 50 hectáreas por toda Catalunya.

Sin duda, una de las grandes y más puras malvasías de Sitges es la

de Avgvstvs, bodega dirigida por la familia Roca. Son tres primos, Enric (enólogo), Albert (director comercial) y Oriol (viticultor). La bodega saltó a la fama a inicios de los noventa con un chardonnay que sorprendió a todos e irrumpió en las mejores cartas de vinos. Hoy sigue siendo un clásico imprescindible. Además, en aquella misma época también cautivaron a paladares tan exquisitos como los de Ferran Adrià o Carme Ruscalleda gracias a sus vinagres gourmet.

Innovadores incansables, siguieron buscando nuevas fronteras con sus microvinificaciones, iniciadas en 2012, como esta malvasía del Garraf cultivada en terreno calcáreo. Se elabora con despalillado parcial, sin madera. Da un vino vibrante, con recuerdos a caramelo de limón, un toque cremoso, muy aromático y del todo cautivador.
Ferran Centelles

94 **LA VANGUARDIA** **PUNTOS**

LaFou de Rams 2018

DO TERRA ALTA. LAFOU (Batea, Tarragona) 🍇 **100% garnacha blanca** 🛢 **5 meses** 🪙 **49€**

Garnacha blanca en su máxima expresión, ensalzaba con una interpretación actual de los métodos de elaboración tradicionales. Un ejemplo más del alto nivel de autoexigencia de Ramon Roqueta y su equipo, que cada vez buscan conceptos y elaboraciones más sofisticadas para demostrar que la garnacha blanca puede dar grandes vinos blancos.

La primera clave es la selección de la viña de Rams, plantada en 1966, hace más de 50 años. Se alternan los suelos arcillo-calcáreos y el panal (o duna fósil) típico de las sedimentaciones fluviales de la Terra Alta, que le aportan complejidad y finas notas salinas. La orientación y la amplitud del bancal se benefician de todo el recorrido solar, favoreciendo la maduración y concentración de las uvas,

además de la mayor exposición a las *garbinadas*, las marinadas de componente sur que le ayudan a mantener la acidez y el frescor.

La segunda clave son las cuatro vinificaciones. Una parte se elabora como *brisat*, en barricas abiertas, fermentando y macerándose con las pieles al mismo tiempo. Luego una parte pasa a barrica con vinos brisados de varias añadas anteriores, para disponer de garnachas criadas en soleras, y la otra parte pasa a inox para disponer de garnachas de refresco.

La otra parte se elabora como blanco macerado, con las uvas prensadas. Luego una parte fermenta en inox y la otra en barrica, con crianza de 5 meses. Al final ensamblan los cuatro vinos, esperando 30 meses a que alcance su madurez. Muy varietal, complejo y poliédrico. Fruta blanca, frutos secos, miel, cítricos, balsámicos y matices finales a salinidad y tanicidad. Brutal. **Lluís Tolosa**

94
LA VANGUARDIA
PUNTOS

DBS
Albillo Mayor
2019

**DO RIBERA DEL DUERO. DE
BLAS SERRANO (Fuentelcésped,
Burgos)** 🍇 **100% albillo mayor**
🛢 **21 meses** 🪙 **25€**

El año pasado, la bodega De Blas
Serrano fue un gran descubrimiento, sobre todo la figura de Álvaro de
Blas Serrano, que promociona sus
vinos en Barcelona, cuando acaba
su jornada como ingeniero director
de obra en la estación de tren de
alta velocidad de la Sagrera.

Le dimos el premio Revelación del
Año en la Barcelona Wine Week
2023 y desde entonces hemos
catado varias añadas de sus tintos
de la Ribera del Duero burgalesa,
donde conservan viñas de tinto fino
(tempranillo) de más de 120 años.

La gran sorpresa de este año
ha sido su DBS Albillo Mayor. La
albillo mayor es la única variedad
blanca de la DO Ribera del Duero,
autorizada en 2019, a pesar de su
larga tradición histórica para la
elaboración de claretes, mezclando

tinto fino y albillo mayor.

La albillo mayor la vendimian en
cepas intercaladas entre sus viñas
de tinto fino, plantadas entre 1895
y 1953. Fermentación y crianza
de 21 meses en barrica de roble
francés de 500 litros, con 24 meses
de maduración en botella. Solo se
hicieron 750 botellas. Parco en aromas, expresa toda su profundidad
en boca. Fruta blanca, manzana al
horno, frutos secos, con la salinidad
y frescor del suelo calizo, la altitud
de 840-930 metros y la vendimia
temprana para preservar acidez,
tres factores clave en este vino
blanco de guarda.

Pero aún falta lo mejor. Llevan
elaborando este vino desde 2006.
Pioneros de la albillo mayor y la
única bodega de Ribera del Duero
con este botellero histórico. De
algunas añadas solo les quedan 4
botellas, pero la cata vertical de
todas estas añadas demuestra su
extraordinaria capacidad de guarda. **Lluís Tolosa**

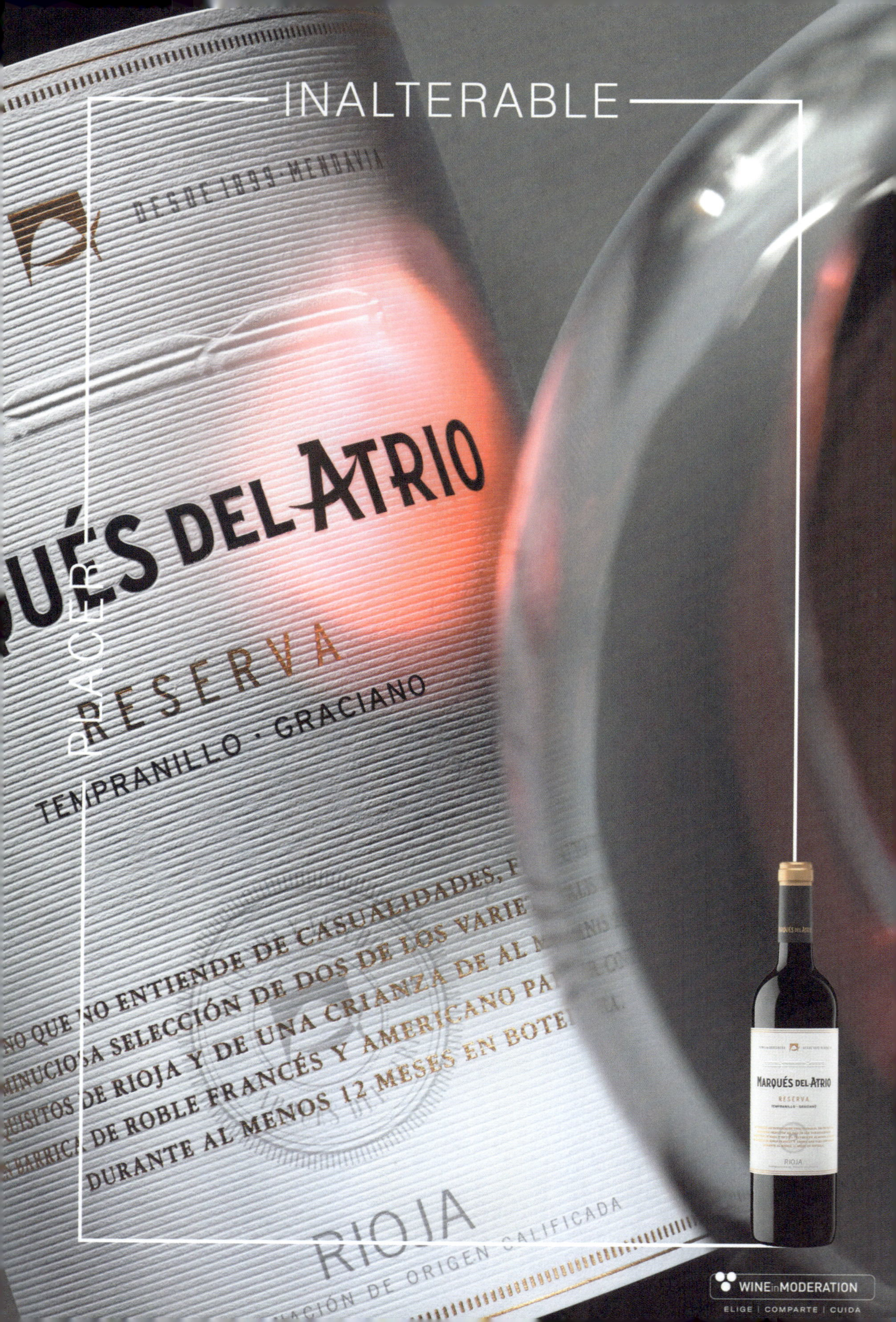
INALTERABLE
PLACER
DESDE 1899 · MENDAVIA
UÉS DEL ATRIO
RESERVA
TEMPRANILLO · GRACIANO
NO QUE NO ENTIENDE DE CASUALIDADES,
MINUCIOSA SELECCIÓN DE DOS DE LOS VARIE
QUISITOS DE RIOJA Y DE UNA CRIANZA DE AL M
BARRICA DE ROBLE FRANCÉS Y AMERICANO PA
DURANTE AL MENOS 12 MESES EN BOTE
RIOJA
CACIÓN DE ORIGEN CALIFICADA
MARQUÉS DEL ATRIO
RESERVA
TEMPRANILLO · GRACIANO
RIOJA
WINE in MODERATION
ELIGE | COMPARTE | CUIDA

94
LA VANGUARDIA
PUNTOS

Náiades
2019

DO RUEDA. BODEGAS NAIA
(La Seca, Valladolid)
🍇 **100% verdejo** 🛢 **6 meses**
🍷 **23€**

Tengo la suerte de haber trabajado con este vino a lo largo de mi andadura como sumiller y me sorprendió desde el primer sorbo. Es verdejo, pero no me recuerda tanto a verdejo, esa fue mi primera y perdurable impresión, aunque afortunadamente la esencia de la variedad sí se percibe en la copa.

No en vano, se trata de un viñedo muy único en estos lares, con alguna viña de más de 100 años, considerada casi prehistórica por la falta de datos, sobre suelos muy diferentes, tanto graníticos, como arenosos o pizarrosos. Otros ingredientes clave son la altitud y el clima. Su altitud es de al menos 700 metros y el clima es continental con influencia mediterránea. En estas condiciones la verdejo se mueve entre bambalinas, teniendo

en cuenta, además, que es una variedad que resiste muy bien el calor en tiempos de cambio climático.

Bodegas Naia ha colaborado junto a otras grandes bodegas de la DO Rueda a dar un gran impulso a esta zona, más estancada en ese perfil de vino afrutado y fresco, con buena acidez y una pizca de amargor final. En el Náiades, el rendimiento es muy bajo y las escasas uvas vendimiadas son de gran calidad. El vino ha sido fermentado y criado en barrica con paciencia para obtener volumen y complejidad.

De color limón con destellos verdosos. En nariz es muy cítrico, con notas a limón, manzana verde y fruta de hueso, como melocotón. Notas a frutos secos, especias y finos tostados le dan complejidad. La boca es de gran dimensión, voluptuosa, fresca, envolvente y con final ahumado y muy largo.
María José Huertas

94
LA VANGUARDIA
PUNTOS

Improvisació
Xarel·lo
2022

DO PENEDÈS. **ENRIC SOLER**
(Sabanell, Font-rubí, Barcelona)
🍇 **100% xarel·lo** 🛢 🍷 **8 meses**
🍷 **40€**

Enric Soler, vinos blancos. Pocos elaboradores son tan claros en su especialidad. Conocido sobre todo por el Nun Vinya dels Taus, su xarel·lo de una viña plantada en 1945, inspirado en los grandes vinos blancos de Borgoña. Sus 95 puntos Parker lo situaron como el mejor vino blanco de Catalunya y uno de los mejores vinos blancos de España. Su otro vino de parcela es Espenyalluchs, también xarel·lo, también de una sola parcela, en este caso plantada en 2010 con esquejes procedentes de la Vinya dels Taus.

Improvisació también es monovarietal 100% xarel·lo, pero de tres pequeñas viñas, Sisqueta, Jerònia y Darrere Casa. Juntas suman 1,3 hectáreas, que desde 2006 se destinan a este vino. Los dos primeros

vinos son más expresivos de un solo viñedo, *Single Vineyards*, donde casi todo viene dado desde la viña. Improvisació es más complicado, deja más margen de maniobra, permite más combinaciones y requiere más equilibrios, es más exigente, hay que afinar mucho los ensamblajes. Por eso muestra más la forma de trabajar de Enric Soler y más la expresión varietal que una viña concreta.

Su rasgo diferencial es la fermentación y crianza en fudre austríaco, construido por Franz Stockinger e incorporado en 2016, además de dos huevos de cemento Nomblot. Luego ensambla los dos vinos, con máxima precisión, logrando su característica elegancia y equilibrio. Dice que es su vino con más impacto de la añada. La 2022, precisamente, fue una cosecha extrema, calurosa y seca, que le dio especial musculatura. También dice que es su vino más difícil de describir en cata, por su complejidad.
Lluís Tolosa

93
LA VANGUARDIA
PUNTOS

La Serra Blanc Herència Altés 2020

DO TERRA ALTA. HERÈNCIA ALTÉS (Gandesa, Tarragona)
🍇 **100% garnacha blanca**
🛢🍷 **10 meses** 🍷 **32€**

La Serra ha sido el primer monovarietal 100% garnacha blanca distinguido con la categoría de Vi de Finca Qualificada, la máxima distinción de calidad de los vinos en Catalunya.

Su calidad nace de la finca histórica de La Serra, situada entre los municipios de Gandesa y Batea, en plena comarca de la Terra Alta, donde conservan viñas centenarias de garnacha blanca. Son viñas muy viejas, con rendimientos muy bajos, entre 0,5 y 1 kg de uva por cada cepa. Así que el carácter, la concentración y el frescor le vienen de la propia viña.

Núria Altés, copropietaria de Herència Altés dice que "*La Serra representa el trabajo de los de antes y los de ahora. Simboliza un enraizamiento en la tierra, una tierra muy austera, que muestra el paso del tiempo y nuestro patrimonio natural y cultural, el que nos ha visto nacer y crecer*".

Su carácter de vino de finca, además, se potencia con una meticulosa elaboración. Fermenta en depósitos de hormigón para potenciar la expresión frutal de la garnacha blanca, donde además reposa sobre sus lías durante 3 meses, adquiriendo cuerpo, cremosidad y untuosidad.

Adquiere complejidad y madurez tras 10 meses de crianza en un fudre de roble austríaco de 2.500 litros, una barrica de roble austríaco de 600 litros y un ánfora de cerámica de 600 litros. Perfeccionista en el ensamblaje final de estos vinos. Elegante y complejo. Color dorado, fruta de hueso, melocotón, albaricoque, miel, especias, notas minerales y recuerdos a piel de limón. Aguanta el paso del tiempo, como las viñas centenarias de las que procede. Muy bueno. **Lluís Tolosa**

Pla del Bosc Xarel·lo Vermell 2021

DO PENEDÈS. VINS EL CEP (Espiells, Sant Sadurní d'Anoia, Barcelona) 🍇 **100% xarel·lo vermell** 🛢 🍷 **8 meses** 🍷 **19€**

Éste es el vino que elegiría para explicar qué es un xarel·lo vermell del Penedès. Reúne todos los ingredientes de expresión de esta variedad, una mutación genética del xarel·lo blanco, muy escasa. Documentada por primera vez con este nombre en el listado de la muestra de variedades del Institut Agrícola Català de Sant Isidre en 1871, aunque con una amplia sinonimia: xarel·lo rosat, cartoixà vermell, cartoixà rosat, cartoixà marí, pansa vermella, pansa rosa, pansa rosada, pansa roja y xarel·lo de marina. Su principal peculiaridad es la piel más gruesa y de color rosado o rojizo, como indica su nombre.

Este vino también representa las mejores fincas históricas y familiares del Penedès, cuatro propiedades fundadas en 1393, 1448,

1499 y 1513. Además, muestra las nuevas tendencias de elaboración de vinos blancos de alta calidad en el Penedès.

Pla del Bosc es una viña de 1,5 hectáreas plantada en vaso tradicional hace 34 años, sobre suelos franco-limosos, en la finca de Can Miquel de les Planes de Gelida (1513), en la privilegiada zona de Espiells, donde practican una agricultura ecológica y biodinámica.

La elaboración es realmente meticulosa. Maceraciones con sus pieles, fermentación y crianza de 8 meses en huevos de hormigón sobre sus lías finas, potenciando el frescor y la expresión frutal. Solo una pequeña parte fermenta y se cría en barricas de roble francés de 500 litros. Se embotella sin filtrar, por eso su ligera turbulencia. Notas a melocotón y albaricoque, cítricos, mandarina, piel de naranja, hinojo y hierbas mediterráneas. Auténtico y autóctono. **Lluís Tolosa**

92
LA VANGUARDIA
PUNTOS

Methòdic
Xarel·lo Vermell
2022

DO PENEDÈS. VINS L'APICAL
(Llorenç del Penedès, Tarragona)
🍇 **100% xarel·lo vermell**
🍷 **4 meses** 🛢 **13€**

El pasado mes de octubre se presentó el nuevo Col·lectiu Vida Penedès. Son 18 viticultores y pequeños elaboradores que trabajan la tierra y elaboran sus propios vinos. Nos leyeron un emocionante manifiesto con la visión de que otro Penedès es posible, más cercano a la tierra, más humano, más unido y más sostenible.

Vins L'Apical es el microproyecto que hemos elegido para mostraros el estilo de este colectivo. Sergi Sevillano y Martí Giralt se conocieron en la escuela de enología y viticultura de Espiells (Sant Sadurní d'Anoia). Son dos perfiles diferentes y complementarios. Sergi, de Barcelona, sumiller y técnico en restauración. Martí, de Llorenç del Penedès, con larga tradición vitivinícola familiar y experiencia

en distintas zonas, como Penedès y Priorat.

Iniciaron el proyecto en 2012 en el Baix Penedès, para trabajar con las variedades autóctonas. En 2017 se unió Josep Badia, diplomado en Ciencias Empresariales, en las funciones de gestión y administración. Cada uno se dedica a sus funciones, pero "*todos vendimiamos, todos embotellamos y todos vendemos*".

Hemos elegido su Methòdic, del griego *methodos*, porque muestra una vía, un camino. Xarel·lo vermell de viñas jóvenes, ya que está en proceso de recuperación en el Penedès. Es una mutación del xarel·lo blanco, de piel más gruesa y rojiza, como veréis en el vino. Brisado, elaborado con sus propias pieles, con crianza de 4 meses en ánforas de cerámica. Color cobre, anaranjado. Fruta blanca, claras notas a fresitas, toques salinos y minerales, con buen final balsámico, a hinojo. Un proyecto para seguirlo.
Lluís Tolosa

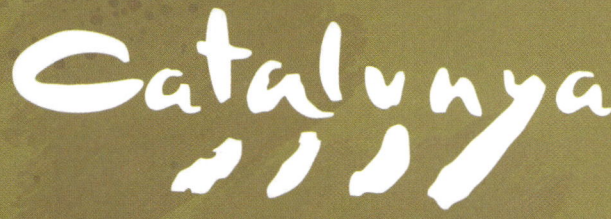

DENOMINACIÓ D'ORIGEN

La DO Catalunya estrena la nueva categoría

CATALUNYA
VINYERÓ

y nueva distinción...

BARCELONA
SUSTAINABLE
CATALUNYA

www.do-catalunya.com

 /DoCatalunya

¡Visítanos!

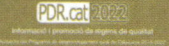

Unió Europea
Fons Europeu Agrícola
de Desenvolupament Rural
Europa inverteix en les zones rurals

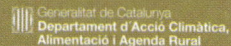
Generalitat de Catalunya
Departament d'Acció Climàtica,
Alimentació i Agenda Rural

WINE IN MODERATION
ELEGIR | COMPARTIR | CUIDAR

92
LA VANGUARDIA
PUNTOS

Mas de la Pansa Parellada 2018

DO CATALUNYA. MAS DE LA PANSA (Vila-rodona, Tarragona) 🍇 **100% parellada** 🛢 **4 meses** 💶 **24€**

La DO Catalunya ha creado la nueva categoría "Catalunya Vinyeró" para distinguir los vinos de payeses y payesas que elaboran y comercializan sus propios vinos. Inicialmente son tres bodegas, Blancher, Mas de la Pansa y Pla de Morei, que ya lucen este sello distintivo en la contraetiqueta de la botella.

El que más nos ha gustado es el Mas de la Pansa Parellada. Nace de una pequeña viña de 1 hectárea plantada en 1956. Al ser una viña vieja plantada en vaso, da una producción baja, la justa para hacer 929 botellas.

Se nota que la materia prima es muy buena. El suelo arcilloso-calcáreo con guijarros permite un buen drenaje y su agricultura ecológica certificada garantiza uvas limpias y sanas. Complejo, fino y elegante.

Muestra el potencial de la parellada si se elabora meticulosamente. Realzada con maceraciones con las pieles, extrayendo más aromas y matices. Prensada muy suave, pura pulpa. Crianza corta y parcial, solo la mitad pasa 4 meses en barrica nueva de roble francés de grano fino y tostado suave, el resto en inox, luego se ensambla con precisión. Y se le deja crecer en botella, catado en su quinto año, maduro y aún con más potencial de guarda.

Ya nos habíamos fijado en los vinos de Mas de la Pansa cuando catamos casi 200 vinos para elaborar la *Guía de Enoturismo de la Conca de Barberà*. Es el proyecto de la sumiller Imma Soler, una de las iniciativas nacidas en el vivero de elaboradores de la Conca de Barberà. Este vino ya fue de los mejor puntuados en aquel momento. Ahora distinguido con su nuevo y merecido sello de "Catalunya Vinyeró". **Lluís Tolosa**

92 **LA VANGUARDIA** **PUNTOS**

Paisatges Picassians 2021

DO TERRA ALTA. **LES VINYES DEL CONVENT (Horta de Sant Joan, Tarragona)** 🍇 **100% garnacha blanca** 🍷 **16€**

"*Tot lo que sé ho he après a Horta*". Efectivamente, Horta de Sant Joan fue un antes y un después en la vida de Picasso. Tras su primera estancia de adolescente, Pablo Picasso (1881-1973) regresó a este pequeño pueblo de la Terra Alta con su primera cámara de fotos, cautivado por la montaña de Santa Bàrbara.

La mayoría de dibujos y pinturas de su primera etapa muestran un lenguaje tradicional, inspirado en los paisajes y costumbres locales, en su mayor parte propiedad del Museo Picasso de Barcelona y de sus herederos. La segunda etapa coincidió con su evolución cubista, con obras diseminadas por todo el mundo: París, Nueva York, Sao Paulo, Moscú...

Este vino en un homenaje a Picasso y su universo de paisajes de Horta de Sant Joan. Nos lo presentaron en el Museo Picasso de Barcelona con motivo del Año Picasso, conmemorativo del 50° aniversario de su fallecimiento. Elaborado por Les Vinyes del Convent, la única bodega de Horta de Sant Joan, liderada por Elies Gil, con larga experiencia en el sector del vino.

Este vino blanco recupera la tradición de los vinos *brisats* de aquella época. Elaborados con la *brisa*, fermentados con las pieles y semillas, extrayendo más color, más aromas y más taninos.

Se inspira en la frase del propio Picasso, que se refería a estos vinos como "*el vino dorado de mi juventud*". Garnacha blanca, típica de la Terra Alta, sin sulfitos añadidos. Frutas amarillas, melocotón y mango, flor de naranjo y notas cítricas a lima, con final mineral y salino. Una parte de los beneficios de este vino se destinan al Centro Picasso de Horta de Sant Joan. **Lluís Tolosa**

91
LA VANGUARDIA
PUNTOS

Campestral envejecido bajo velo 2021

VINOS DE LA TIERRA DE CÁDIZ.
BODEGAS CAMPESTRAL (Arcos de la Frontera, Cádiz) 🍇 **100% palomino fino** 🛢 **14 meses bajo velo de flor** 🍷 **19€**

Este vino es un viaje al sur. Los vinos de Campestral son el fruto del proyecto de ensueño de Andrés Troya, un emprendedor catalán de origen gaditano enamorado del vino y de esta región. Este ambicioso proyecto se desarrolla en El Encanto, un complejo enoturístico de alto nivel en la sierra de Cádiz, donde están las viñas, la bodega y los alojamientos enoturísticos.

Durante siglos, la finca ha pasado de generación en generación, siendo cuidada y cultivada para crear los mejores vinos. La combinación de clima mediterráneo, suelo fértil y altitud perfecta ha permitido que las viñas crezcan y sobrevivan en las condiciones ideales. La finca tiene algo especial, en una localización elevada con vistas al

pantano de Guadalcacín, la sierra de Grazalema y la peña donde está el núcleo antiguo de Arcos de la Frontera. Aquí el suelo de albariza proporciona condiciones ideales para el cultivo de las uvas palomino fino y la formación del velo flor.

Todos los vinos de Campestral destacan por su elegancia, equilibrio y carácter propio, pero este blanco es único porque refleja el lema de la bodega: ¡uva, uva y más uva! Aquí la variedad palomino es muy expresiva tras su crianza de 14 meses bajo velo de flor en depósito de acero inoxidable. La entrada en boca es suave, con acidez media alta que nos hace salivar, su intensidad es llamativa, con matices cítricos, los de velo de flor o panadería. Beberlo puede generar sensación de plenitud y gratificación. Y más si tienes cerca unos frutos secos, quesos ahumados o foie con caviar.
Zoltan Nagy

91
LA VANGUARDIA
PUNTOS

Ilercavònia
2021

DO TERRA ALTA. ALTAVINS VITICULTORS (Batea, Tarragona)
🍇 **100% garnacha blanca** 🍷 **11€**

El nombre le viene de los íberos, los *llercavones* que dieron nombre a la sobresaliente, mítica y literaria Terra Alta, y que dejaron una gran influencia en el *terroir*. Es una tierra privilegiada, con la identidad del *ball de la dansada*, muy auténtica, rústica, sencilla, hermosa, poderosa y honesta. Suelos de texturas variadas con un buen drenaje y la inteligencia de un clima mediterráneo interior. Uva sana, favorecida, madura, luchadora y con carácter, que crece acomodada en Batea, una de las partes más meridionales de Catalunya.

La Terra Alta es un destino protegido porque es enoturismo en estado puro: calma, buena gente, comida exquisita, paisaje vitivinícola, calles poco transitadas y un karma especial. El régimen seco hace posible la bajísima incidencia de enfermedades y permite desarrollar una viticultura sostenible. El *cerç*, el viento del cierzo, que sigue soplando durante la vendimia, permite la maduración natural de la garnacha blanca de color dorado con tonos verdes.

Nariz fragante fruto de la larga maceración pelicular: albaricoque, mango y piña. Retronasal con aromas florales a menta fresca que le da mucha personalidad. En boca es untuoso, persistente, amplio, con ese rasgo distintivo de sal fina típico de la región. Cremoso, fresco, intenso y suculento, por eso la garnacha blanca se está ganando muy buena fama. Delicados tonos amargos de fría mineralidad, con recuerdos a hinojo silvestre y flores blancas que envuelven la madurez de las notas a melón y pera. Un vino atemporal que puede crecer tres años en botella.
Meritxell Falgueras

91 LA VANGUARDIA PUNTOS

La Vicalanda Tempranillo Blanco 2022

DOCa RIOJA. BODEGAS BILBAÍNAS (Haro, La Rioja)
🍇 **100% tempranillo blanco**
🛢 **6 meses** 💰 **18€**

Una de las tendencias en Rioja es la recuperación de algunas variedades blancas, autóctonas y minoritarias, como la maturana blanca y la tempranillo blanco, coincidiendo con el resurgir de los vinos blancos de Rioja.

La tempranillo blanco surgió de un capricho de la naturaleza, la mutación genética natural de un único sarmiento de una cepa de tempranillo tinto, localizada en 1988 en un viejo viñedo del municipio de Murillo de Río Leza.

Varias bodegas experimentan desde entonces con el potencial de esta variedad, aunque no se autorizó oficialmente hasta 2007. De Bodegas Bilbaínas ya habíamos probado la producción limitada del Viña Pomal Viñedos Singulares 100% tempranillo blanco, elabo-

rado a partir de una selección de proveedores de Haro (Rioja Alta, influencia atlántica) y Tudelilla (Rioja Oriental, influencia mediterránea), con 12 meses de crianza en barrica de roble francés.

En este caso se da un paso más en tipicidad. La Vicalanda siempre ha mostrado sus vinos de alta expresión a partir de sus propios viñedos. Este tempranillo blanco muestra al mismo tiempo la variedad, el terruño y el clima, la singularidad de los viñedos de Haro, su influencia atlántica, y la expresión de su finca más emblemática, Viña Pomal, con cepas de más de 25 años sobre suelos franco-arcillosos.

La elaboración también es diferente. Fermentación en tinas de madera y crianza de 6 meses en fudres de roble francés. Añada 2022, cálida y seca, que acentúa los recuerdos a albaricoque, con notas florales y especiadas, siempre con su carácter mineral. Se intuye gran potencial de guarda. **Lluís Tolosa**

91
LA VANGUARDIA
PUNTOS

Llegat Llopis 2018

**DO PENEDÈS. CELLER HOSPITAL
DE SITGES (Sitges, Barcelona)**
🍇 **100% malvasía de Sitges**
🛢 **4 meses** 🍷 **19€**

Una de las salidas que más disfrutan mis alumnos de la Escuela de Enoturismo de Catalunya es la visita al Centro de Interpretación de la Malvasía de Sitges (CIM), un lugar único en el centro de Sitges para la divulgación de esta variedad de uva, documentada en Catalunya desde el siglo XV.

Se dice que las primeras malvasías llegaron a Sitges desde Grecia, con un almogávar que luchó contra los otomanos en la ciudad griega de Monemvasía. Al caer herido en batalla, pudo sanar sus heridas gracias a las propiedades medicinales de la malvasía. Más probable es que llegase con el comercio del Mediterráneo, liderado por genoveses y venecianos. La cuestión es que arraigó en Sitges y sus vinos alcanzaron fama en cor-

tes y banquetes europeos. En época colonial, también se exportó a las colonias de ultramar, sobre todo a Cuba, hasta que se perdieron las últimas colonias españolas.

Manuel Llopis i de Casadas (1885-1935) legó al Hospital de Sant Joan Baptista las últimas cepas de esta variedad, las fincas rústicas de Aiguadolç y Miralpeix y el negocio de la Malvasía de Sitges del Celler Llopis. Ahora, el Celler Hospital de Sitges ha recuperado algunos de aquellos vinos, sobre todo los tradicionales vinos dulces, pero también secos.

Llegat Llopis representa la malvasía de Sitges vinificada en seco. Muy varietal, inconfundible. Aromática, afrutada, floral y fresca, pero seca. Además, con notas maduras y evolucionadas de su crianza de 4 meses en barricas de roble francés, solo una parte, el resto en inox, para luego ensamblar los dos vinos buscando el equilibrio perfecto.
Lluís Tolosa

91 *LA VANGUARDIA* **PUNTOS**

Via Edetana
2021

DO TERRA ALTA. EDETÀRIA
(Gandesa, Tarragona) 🍇 **100%
garnacha blanca** 🛢 **4 meses**
🍷 **14€**

Via Edetana es la punta de lanza
de los vinos blancos de Edetària,
que en 2023 ha celebrado su 20°
aniversario manifestándose *"más
garnacheros que nunca"*. La bodega de referencia de la DO Terra Alta
ha recorrido un largo camino desde
2003, cuando Joan Àngel Lliberia
inició la recuperación de las viejas
garnachas autóctonas.

Veinte años después siguen con
su alto nivel de autoexigencia y
cada vez más centrados en las
garnachas. La prueba es este Via
Edetana 2021, por primera vez
sin aportación de viognier, ya
claramente monovarietal 100%
garnacha blanca.

Via Edetana es su blanco más fácil
de entender, un todo terreno, con
excelente relación calidad-precio
y adaptable a cualquier momento.

Procede de viñas propias de 30-40
años de edad, fermentando cada
parcela por separado para obtener
diferentes garnachas blancas con
diferentes matices. Luego trabajan
con dos vinos y dos elaboraciones
complementarias.

La mitad con más cuerpo tiene
4 meses de crianza en barrica de
roble francés de 350 y 500 litros.
La otra mitad, más frutal y floral,
se mantiene en depósito de acero
inoxidable con sus propias lías
finas, buscando la expresión más
varietal y frutal. De ahí que sea una
garnacha blanca tan equilibrada y
redonda, porque luego se puede
afinar muy bien el ensamblaje final
de los dos vinos.

Muy varietal, graso y cremoso en
boca, expresa fruta blanca madura,
frescor, mineralidad y salinidad
bastantes marcadas, con su característico final seco, serio y elegante,
con la madera muy bien integrada
con la fruta. Apuesta segura a muy
buen precio. **Lluís Tolosa**

por sus variedades internacionales

Aunque las variedades internacionales son conocidas y reconocidas en nuestro país, la verdad es que solo ocupan el **7% de la superficie** de cultivo, en algunos casos con larga tradición, muy buena adaptación y excelentes vinos.

Este año hemos seleccionados vinos de tres variedades blancas, **chardonnay, chenin blanc y gewürztraminer**.

Para los tintos hemos seleccionado la clásica **cabernet sauvignon**, con una sorpresa, el ensamblaje de cabernet sauvignon y cabernet gernischt que utiliza **Changyu**, la mayor y más antigua bodega de **China**, fundada en 1892, que elabora el Noble Dragón Reserva, la mayor marca de vino de China, que se elabora desde 1931 y vende 30 millones de botellas anuales.

94
LA VANGUARDIA
PUNTOS

Blas Muñoz Chardonnay 2022

VINOS DE LA TIERRA DE CASTILLA. VIÑEDOS Y BODEGAS MUÑOZ (Noblejas, Toledo)
🍇 **100% chardonnay**
🛢 **6 meses** 🪙 **13€**

Hace ya más de tres décadas que se celebra *Chardonnay du Monde*. Es una competición internacional donde se catan vinos de países tan diversos como Francia, Australia, Estados Unidos o Chile. Tiene sentido que la chardonnay sea la variedad elegida porque es la más respetada y glamurosa variedad blanca, con permiso de la riesling, *bitte*.

Tras catar y evaluar unos 900 vinos, llega el momento de anunciar el Top 10. Se palpan los nervios por conocer lo mejor de lo mejor. Borgoña, Sonoma y Yarra Valley copan los primeros puestos, como es de esperar. Pero aún existe esperanza para la sorpresa y un chardonnay toledano se cuela por segundo año en el podio. Su nombre, Blas Muñoz Chardonnay.

Es un chardonnay poderoso y opulento. Un vino de impacto, tan exagerado como delicioso. Vendimia nocturna, fermentado en barrica y con 6 meses en madera sobre lías. Concentración de sabor, de historia y de trabajo, hasta llegar al punto de fusión. Porque esta historia la empezó a escribir el abuelo Blas Muñoz hace más de 100 años.

Más de una vez, Pilar y Bienvenido junior escucharon que su padre estaba loco si pensaba que esta variedad funcionaría en La Mancha. Pero Bienvenido Muñoz, ajeno a las habladurías, hace más de 25 años que plantó su viñedo y al final ganó la fama con este éxito asombroso. Luego, otras bodegas les copiaron, y yo a eso lo llamo ser revolucionario. Si su calidad no fuera suficiente motivo para adquirir este vino, pensad en los 13€ que cuesta. ¿No os parece un plan totalmente irresistible?
Ferran Centelles

93
LA VANGUARDIA
PUNTOS

E Chenin
2020

DO EMPORDÀ. TERRA REMOTA
(Sant Climent Sescebes, Girona)
🍇 chenin blanc 🛢️ 🍷 **7 meses**
💶 **23€**

Terra Remota, en el Alt Empordà, pertenece a la familia Bournazeau Florensa, que adquirió la propiedad de 40 hectáreas en 1999. Desde el primer momento lo han tenido claro, sus vinos se han de ceñir a tres conceptos básicos: calidad, respeto a la materia prima e identidad.

La variedad de uva con la que se elabora este vino diría que está entre las diez más importantes del mundo, aunque en la comarca del Empordà no es la más popular, ya que es foránea y bastante poco cultivada. La chenin blanc es una prestigiosa cepa de Anjou, en la región francesa del valle del Loira, que se adaptó de maravilla al clima mediterráneo cálido y seco, como al suelo de donde proviene, el suelo granítico.

El resultado es sorprendente y elegante, tras su fermentación y crianza de 7 meses en huevo de hormigón y barrica de roble francés. De color oro, es un vino complejo donde predominan las notas a frutas blancas y exóticas. Llama la atención la gran mineralidad y frescura que denota esta prodigiosa variedad. Es un vino de escasa producción, tan solo 3.700 ejemplares, muy valorados por los conocedores y amantes del vino, ya que ofrecen experiencias únicas y diferentes a los vinos de producción masiva. Sin embargo, debido a su limitada disponibilidad, estos vinos suelen tener precios más elevados y suelen ser más difíciles de encontrar. Son los llamados vinos *unicornios* y son geniales para deleitarse con su complejidad. Os seré sincero ¡tengo una botella guardada! Si amas la cocina asiática, este vino es ideal para la ocasión. **Zoltan Nagy**

LAUS
EEE

Aromas del Somontano

#enoturismoslow
al pie del Pirineo

92
LA VANGUARDIA
PUNTOS

Enate Gewürztraminer 2022

DO SOMONTANO. ENATE (Salas Bajas, Huesca)
🍇 **100% gewürztraminer** 🍷 **13€**

Un vino muy premiado y de una variedad que se ha vuelto un símbolo de la DO Somontano. El gewürztraminer, tan común en la viticultura europea de altura, se adapta perfectamente a las texturas franco-arenosas y al clima del somontano a los pies de los Pirineos.

Matices florales y a miel que al desarrollarse, como si de un perfume de rosas y especias se tratara, van ganando con el tiempo. Además, esta añada 2022 es muy especial. Tras un invierno seco y una primavera lluviosa, con altas temperaturas durante todo el año, se aceleró el crecimiento de las plantas, con un desarrollo vegetativo totalmente excepcional, como pocos años se había visto. Así que estamos ante una de las más tempranas de la historia del Somonta-

no, cálida y con mucho desarrollo de matices aromáticos.

Elaboración cuidadosa, con prensa neumática y cinco horas de maceración pelicular que abordan su abanico aromático y sus sabores a lichis. Ideal para la cocina oriental, para la copa de bienvenida, las ostras al natural y los quesos frescos que agraden su acidez. Conservado en buenas condiciones, su evolución en botella es magnífica durante varios años, creciendo su gama aromática en complejidad.

En la etiqueta muestra la pintura original para Enate de Vicente Badenes, porque es un proyecto que respira creatividad por todos los sentidos. Enate marcó un antes y un después en la manera de vivir el vino en España, al tratar el vino como el único arte que te puedes beber y no solo como un acompañamiento a la gastronomía.
Meritxell Falgueras

92 LA VANGUARDIA PUNTOS

Sons de Prades 2022

DO CONCA DE BARBERÀ. FAMILIA TORRES (Vimbodí i Poblet, Tarragona) 🍇 Chardonnay 🛢 6 meses 💶 20€

No se trata de su zona de origen, pero la chardonnay ya ha demostrado en grandes parajes de todo el mundo que, sin ser camaleónica, se adapta muy bien. Un claro ejemplo es este Son de Prades, que ha sabido expresar los mejores descriptores de esta variedad.

Sus viñas se extienden frente al castillo de Milmanda, cerca del monasterio de Poblet, donde la sierra de Prades concede el privilegio de proteger las viñas de la influencia del mar, favoreciendo su elegancia y futuro frescor en el vino. El nombre de Sons de Prades hace honor a los primeros sonidos que atesora el amanecer, en este paraje tan preciado y maravilloso.

El clima mediterráneo con influencia continental aporta el idóneo salto térmico entre el día y la noche. Los suelos arcillo-calcáreos son muy adecuados para mostrar el carácter del terruño. Si hay una bodega que lleva por bandera el trabajo en ecológico es Torres. Este es un ejemplo más. La sostenibilidad y la investigación para lograrla, ambas las llevan al nivel máximo, con gran esfuerzo, conocimiento y de manera práctica.

Para su elaboración, el 30% fermentó en barrica de roble francés, donde envejeció durante 6 meses. Color amarillo pálido con destellos dorados. Nariz fragante, pura, limpia, fresca y herbal. Destacan notas cítricas, tipo piel de limón, y hierbas aromáticas. Se aprecia manzana verde, piña, hinojo, flores blancas y azahar, con sutiles tostados de su estancia en roble. La boca es fluida, presume de buena acidez, envolvente y con final floral, largo y elegante.

María José Huertas

90
LA VANGUARDIA
PUNTOS

Mas Llinda Cabernet Sauvignon 2021

DO PENEDÈS. COVIDES
**(Vilafranca del Penedès,
Barcelona)** 🍇 **100% cabernet
sauvignon** 🐌 **20€**

En 2022, la DO Penedès aprobó
los primeros vinos con la categoría
de Vi de Mas y Gran Vi de Mas,
que certifican los vinos de mayor
calidad de la DO Penedès, vincula-
dos a una masía centenaria y con
estrictos procesos de elaboración.

En diciembre de 2023 se han
distinguido algunos vinos más,
entre ellos Mas Llinda Xarel·lo y Mas
Llinda Cabernet Sauvignon, con la
categoría de Vi de Mas. Representan
la gama alta de Covides (1963), la
cooperativa nacida de la unión de
650 viticultores del Penedès. En
los últimos 20 años han apostado
mucho por la exportación, pasando
del 20% al 65% de su facturación en
más de 50 países de todo el mundo.

El Mas Llinda está documentado
desde el año 979, catalogado como
Bien de Interés Local y con larga

tradición vitivinícola. Se encuentra
en un entorno paisajístico de gran
valor, en Sant Sebastià dels Gorgs
(Subirats), entre los términos muni-
cipales de la Granada y Avinyonet
del Penedès.

Monovarietal 100% cabernet
sauvignon de cultivo ecológico,
elaborado con la mínima intervención, así que puede contener
pequeños posos naturales. Elaborado y reposado durante un año en
depósito de acero inoxidable, sin
ningún paso por barrica, algo muy
poco habitual en un cabernet, para
que sin madera pueda expresar
el carácter varietal y frutal de la
cabernet sauvignon.

Cabernet sauvignon claramente
mediterráneo. Color granate intenso con los típicos tonos violetas
que denotan su juventud. Muestra
la típica fruta negra del cabernet,
cerezas picotas, ciruelas negras,
higos secos y cacao, con los taninos golosos Producción limitada de
1.200 botellas. **Lluís Tolosa**

90
LA VANGUARDIA
PUNTOS

Changyu Noble Dragón Reserva 2015

Sin DO. CHANGYU PIONEER WINE COMPANY (Yantai, China)
🍇 **Cabernet gernischt, cabernet sauvignon** 🛢 **9 meses** 🍷 **9€**

Mis seis viajes a China me han permitido ver el boom del vino y el enoturismo en China. El 70% del negocio se concentra en Yantai, en la costa del Pacífico, en el triángulo mágico de tres de las ciudades más pobladas del mundo: Pekín, Shanghái y Seúl, de donde llegan miles de turistas en busca del clima, el vino y la gastronomía más mediterránea de China.

Changyu (1892) es la mayor y más antigua bodega de China, construida por arquitectos franceses contratados hace más de un siglo. El Changyu Wine Cultural Museum explica la historia centenaria de la marca y la historia milenaria del vino en China. La Wine City de Changyu es el mayor parque temático del mundo dedicado al vino (400 ha), con la mayor bodega

del mundo (400 M botellas/año). Y como Yantai está en el extremo oriental del país, han hecho ocho castillos-bodega a lo largo del país, para que todo chino tenga cerca una experiencia Changyu.

Noble Dragon es la mayor marca de vino de China, se elabora desde 1931, venden 30 millones de botellas anuales. Cabernet gernischt y cabernet sauvignon, de perfil internacional, muy bien elaborado, impecable, sorprendente, para pensar.

Necesitaría 280 páginas para explicarlo. Por eso hemos publicado con Pierre Ly y Cynthia Howson, profesores de economía en Seattle, Estados Unidos, el libro *Aventuras en la ruta del vino de China*, donde se explica de forma clara y sencilla el desarrollo económico de los sectores del vino y el enoturismo en China. Tan impresionante, desconocido y real, que cuando abramos los ojos no sabremos qué ha pasado. A menos, que leas este libro, ahora. **Lluís Tolosa**

por su finca excepcional

Las denominaciones de origen han ido desarrollando en los últimos años diferentes categorías oficiales para distinguir sus **fincas excepcionales**.

En Rioja son los Viñedos Singulares, en Catalunya los Vins de Finca, incluso en espumosos hay Cavas de Paraje Calificado, por citar tres ejemplos.

Todos proceden de fincas excepcionales y se elaboran como vinos de finca, como vinos de parcela o como *single vineyard*, la expresión más conocida internacionalmente.

Este año hemos seleccionado cuatro fincas excepcionales en Rioja, dos en Cataluña, una en el Bierzo, una en Rías Baixas y una en la isla de La Palma.

Premio a la Innovación Enoturística para Finca Viladellops (Penedès), por su concepto enoturístico de *Wine Village*, que incluye 18 masías con diferentes actividades productivas y enoturísticas, que representan más de 1.000 años de historia en torno al pequeño núcleo de Viladellops.

98
LA VANGUARDIA
PUNTOS

El Rapolao
2021

DO BIERZO. CÉSAR MÁRQUEZ
(Valtuille de Abajo, León)
🍇 **85% mencía, 10% alicante**
bouschet, 5% variedades blancas
🛢 **12 meses** 🪙 **37€**

Seguramente El Rapolao sea lo más parecido a un Grand Cru de Borgoña que tengamos en España. No solo es una demarcación parcelaria, es un concepto filosófico que explica que el viñedo permanece, pero las personas pasamos, lo hemos recibido y llegado el momento lo traspasaremos.

Hagamos un viaje mental a la comarca leonesa del Bierzo, una región que desde hace años está ofreciendo vinos tintos de perfil sutil y ligero con sus delicadas mencías sobre cuarcitas y pizarras. Uno de los pueblos más prestigiosos es Valtuille de Abajo, un pequeñito enclave donde viven 80 personas y 11 bodegas. ¡Una bodega cada 7 habitantes! Cerca se encuentra el Rapolao, un viñedo de apenas 8 hectáreas compartido por 10 bodegas y 20 viticultores.

Cualquiera de ellos puede etiquetar el vino con este nombre. Eso nos permite disfrutar de las diferencias entre productores para un mismo viñedo, una anomalía en el panorama vinícola español, donde lo normal es que una parcela sea utilizada por una única bodega. Se lo debemos al enólogo más prolífico de España, Raúl Pérez, que registró la marca El Rapolao en 2011 con la idea de compartirla.

Tuve la suerte de participar este año en una cata a ciegas de todos los Rapolao. Confieso que el que más me erizó de emoción fue el de César Márquez, sobrino de Raúl. César ha logrado alcanzar un nivel de precisión, profundidad y delicadeza notable. Posee 0,3 hectáreas y os aseguro que cada una de las 1.850 botellas son un auténtico prodigio. Suculento, de tanino fundido, notas de hojarasca y muchas capas de sabor. **Ferran Centelles**

96
LA VANGUARDIA
PUNTOS

Marqués de Vargas Hacienda Pradolagar 2017

DOCa RIOJA. MARQUÉS DE VARGAS (Logroño, La Rioja)
🍇 **80% tempranillo, 20% mazuelo**
🛢 **20 meses** 💰 **150€**

Hacienda Pradolagar es el vino más exclusivo de Marqués de Vargas. Luce con orgullo el nombre de la finca que rodea la bodega y solo se elabora en grandes añadas. Exclusivamente de las viñas de 40 años de la parcela La Victoria, clasificada como Viñedo Singular. Esta añada 2017 es relevante, precisamente porque es la primera que sale al mercado con la categoría oficial de Viñedo Singular.

En 2017, la DOCa Rioja estableció nuevas categorías para reconocer la calidad y procedencia de sus mejores vinos, y en la cumbre de la pirámide situó la categoría de Viñedo Singular para los vinos de parajes o viñedos singulares.

La Victoria es una viña de 6 hectáreas de suelo muy característico, gravas con muchos elementos calcáreos, piedras y guijarros. A la singularidad del suelo se suma la precocidad de la cosecha 2017, cuyo ciclo vegetativo se adelantó dos semanas, intensificando la madurez.

Tempranillo con alma de mazuelo, que en Rioja se ha utilizado tradicionalmente para aportar estabilidad de color, acidez y taninos abundantes, tres factores clave de crianza y envejecimiento. Así consiguen este vino de guarda, de producción limitada y numerada.

Alta expresión. Potencia, madurez y densidad. Pura concentración de fruta negra, picotas, ciruelas confitadas, regaliz negro, especias, cueros y balsámicos, con los taninos maduros, finos y golosos. Su gran virtud es el equilibrio entre potencia y elegancia. Excelente trabajo de su enóloga Ana Barrón y su asesor técnico Xavier Ausás. Encumbrado entre los 15 mejores de Rioja por el crítico y Master of Wine Tim Atkin. **Lluís Tolosa**

94
LA VANGUARDIA
PUNTOS

Cuentaviñas Garnacha 2020

DOCa RIOJA. CUENTAVIÑAS (San Vicente de la Sonsierra, La Rioja)
📖 **14 meses** 🍷 **45€**

2020

CUENTAVIÑAS

GARNACHA

BOTELLA Nº 0000 DE 4702

RIOJA
Denominación de Origen Calificada

Eduardo Eguren, joven mozo que en poco tiempo se ha convertido en un referente en la industria del vino en Rioja y sus vinos son altamente valorados por los amantes del buen vino a nivel mundial. Es la quinta generación de la familia Eguren, conocida por proyectos de reconocido prestigio: Sierra Cantabria, Viñedos de Páganos, Teso la Monja y otros. Os recomiendo seguir a Eduardo de cerca, y si tenéis la oportunidad, también guardad sus vinos para ver su evolución en el tiempo.

Su garnacha de viña vieja siempre me toca la fibra, aunque es difícil de encontrar, por la pequeña producción. Cada botella implica valorar la calidad y la artesanía de este vino. Por eso se merece estar aquí, como un referente de los vinos que expresan una finca excepcional.

En la vida todo pasa por algo, tras un momento duro para él y la familia, tras la muerte de su abuelo materno, Félix Ramírez, llegaron a sus manos tres joyas en forma de viñedo. Aquel triste suceso le impulsó a tomar la decisión de volar solo y hacer lo que más le apasiona: cultivar vino.

Este viñedo en concreto, el viñedo Tejares, se plantó en 1923 en la zona alta del valle del Najerilla, sobre el suelo arcillo-ferroso que le confiere a la tierra esa característica tonalidad rojiza. Este vino es la prueba de que, en el centro del proyecto, siempre está el viñedo. Fermenta en pequeñas tinas de roble francés con posterior crianza en barricas de roble francés de 500 litros durante 14 meses. En la copa encontrarás la interpretación más atlántica de una garnacha centenaria. **Zoltan Nagy**

SI NECESITAS APROBACIÓN, NO LO ERES.
SI VES INSENSATOS EN LUGAR DE SOÑADORES, NO LO ERES.
SI NO CREES EN EL PODER DE CREAR, NO LO ERES.
SI NO HAS DISFRUTADO NUNCA DEL CAOS, NO LO ERES.
SI DUDAS SOBRE SI LO ERES, NO LO ERES.

PERO SI LO ERES, LO SERÁS SIEMPRE.

LO ERES. *O no lo eres.*

93
LA VANGUARDIA
PUNTOS

Pazo Baión Vides de Fontán 2018

DO RÍAS BAIXAS. PAZO BAIÓN
(Vilanova de Arousa, Pontevedra)
🍇 **100% albariño** 🛢️ 🍷 **12 meses**
🍾 **30€**

El Pazo Baión es una de las fincas más bonitas de España y un auténtico viaje por la historia de las familias más poderosas de Galicia. Son cinco siglos de historia, con las primeras referencias de la propiedad en el siglo XVI y sus primeras viñas documentadas en 1731.

En los años setenta, aquí se implantó la primera plantación técnica de albariño de Rías Baixas, además de una de las industrias lácteas más modernas de Galicia. Su etapa más ambiciosa se inició en 2008, cuando adquirió la finca la cooperativa Condes de Albarei. Hoy elaboran albariños únicos de esta finca histórica e impulsan el mayor proyecto de enoturismo de Galicia (Mejor Rincón Enoturístico 2016 por Rutas del Vino de España).

De sus tres albariños, mi preferido es el Pazo Baión Vides de Fontán. Nació con la añada 2016, de las viñas más altas de la finca. Son viñas viejas, poco productivas, de racimos y bayas pequeñas y compactas, con mucha proporción de pieles, maduradas hasta que la piel alcanza un tono dorado, vendimiadas en horas frías para retener todo su potencial aromático. Triple elaboración, sofisticada, en tinos de roble francés, acero inoxidable y huevos de hormigón, buscando el equilibrio perfecto.

Albariño de paisaje, de finca, de variedad. Complejo, maduro, graso y estructurado. Fruta madura, deshidratada, escarchada, flores blancas, naranja confitada, con la acidez y el frescor típicos del valle de Salnés. Gran evolución en botella, aparecen tostados, especiados y finas notas petroleadas, hidrocarburos. Para disfrutarlo mucho o para guardarlo unos años y disfrutarlo aún más. **Lluís Tolosa**

93 LA VANGUARDIA **PUNTOS**

Jesús Madrazo Selección 2019

DOCa RIOJA. JESÚS MADRAZO
(Laguardia, Álava)
🍇 **68% tempranillo, 28%**
graciano, 4% maturana
🛢 **15 meses** 🍷 **35€**

Aunque no nos conocíamos personalmente, nos reconocimos en el hall del Hotel Marriot de Aguascalientes. Éramos los dos ponentes invitados a las conferencias magistrales organizadas por la Secretaría de Turismo. México vive un boom del vino y el enoturismo, y hemos colaborado con las rutas del vino de Querétaro, Guanajuato, Aguascalientes y Baja California.

La conferencia de Chus fue realmente magistral, capaz de transmitir conceptos muy técnicos a un público heterogéneo de bodegueros, hoteleros, restauradores, políticos y estudiantes.

Poco a poco fui descubriendo que detrás de Chus está Jesús de Madrazo Mateo Real de Asúa. Descendiente de la saga de pintores del siglo XIX, los Madrazo, directores del Museo del Prado. Quinta generación de los Real de Asúa, fundadores de CVNE (1879). Ingeniero Agrónomo y Técnico en Enología y Viticultura, trabajó en CVNE y fue director técnico de Viñedos del Contino (1973), bodega fundada por su padre, José de Madrazo y Real de Asúa.

En 2017 emprendió su propio proyecto, cuatro vinos con marca propia, además de asesorar a varias bodegas. Premio a la Trayectoria Profesional de la Academia Vasca de Gastronomía 2023.

Su vino más identificativo es el Jesús Madrazo Selección. "*Mis viñas elegidas*", dice Chus. Tres viñas de 40 años de su amigo Miguel Ángel Muro, entre Lapuebla y Laguardia. Pura Rioja Alavesa. Carácter frutal, casi floral, especiado, fresco, mineral, mentolado. Ideal con cordero o cochinillo asado, o con cocinas especiadas, como la india o la mexicana. **Lluís Tolosa**

92 LA VANGUARDIA PUNTOS

Finca Viladellops Xarel·lo XXX 2022

PREMIO **INNOVACIÓN ENOTURÍSTICA** LA VANGUARDIA **2024**

DO PENEDÈS - MASSÍS DEL GARRAF. FINCA VILADELLOPS (Olèrdola, Barcelona) 70% xarel·lo, 30% xarel·lo vermell 6 meses 20€

En pleno *boom* del enoturismo, seguimos las principales innovaciones enoturísticas en el ámbito nacional e internacional. Este año destacamos el concepto de *Wine Village* creado por Marcelo Desvalls y María José Dalmau en Finca Viladellops, una propiedad con más de 1.000 años de historia en pleno macizo del Garraf, entre Sitges y Vilafranca del Penedès.

Cuatro generaciones de los Desvalls han estado vinculadas a esta finca. Los orígenes del núcleo histórico se remontan al año 930. En el 958 se establecieron los templarios, en época de reconquista y repoblación cristiana. Se conserva la torre fortificada (siglo XI) vinculada al castillo de Olèrdola, y la ermita románica (siglo XII).

La bodega data de 1877, con producción de vinos hasta 1980. Marcelo Desvalls reanudó la actividad en 1999, recuperando una finca de 400 hectáreas con 60 hectáreas de viñas de xarel·lo y garnacha, 100% certificadas ecológicas.

Wine Village porque son 18 masías con diferentes actividades productivas y enoturísticas: visitas a la bodega, paseos por las viñas, catas, tienda de vinos, restaurante La Cantina, tres masías de turismo vacacional, nuevo alojamiento B&B y el Centro de Interpretación *Los Desvalls y Catalunya*, que muestra 800 años de historia familiar.

El Xarel·lo XXX es el blanco más expresivo de esta finca histórica. Nace de tres viñas viejas de xarel·lo (tres X), plantadas en 1963, 1967 y 1972, fermentado y criado en barrica de roble francés de 400 litros. Fruta blanca, notas florales y típico fondo mineral y salino del macizo del Garraf. **Lluís Tolosa**

DOMENIO

HISTÒRIES LÍQUIDES DES DE 1917

Tres Naus Brut Rosat Trepat

100% Trepat   D.O. CAVA
Criança mínima 18 mesos

Medalla d'or als
Premis Vinari 2023

9,33 Punts a la Guia de
vins de Catalunya 2023

88 Punts a la Guia
Peñín 2023

Rocafort de Queralt. Primera Catedral del Vi de Cèsar Martinell, deixeble d'Antoni Gaudí

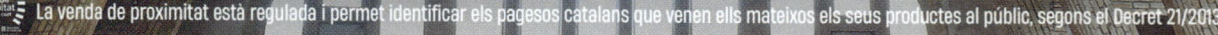

92
LA VANGUARDIA
PUNTOS

Rubiòls
Xarel·lo Selecció
2022

Sin DO. RUBIÓ DE SÒLS (Rubió de Baix, Foradada, Lleida)
Xarel·lo blanc, xarel·lo vermell
14 meses 23€

El proyecto de Rubió de Sòls se inició con una pequeña viña tocando al río Segre, con la intención de reivindicar el paisaje de Rubió de Baix, tan emblemático como desconocido. Las uvas vienen de las 5 hectáreas de la finca Vinyesdalt, en la Serra de Munt (Foradada), en el precioso y auténtico valle del Montsec de Rúbies, en la comarca de la Noguera (Lleida), donde los suelos están marcados por la presencia de fósiles y minerales que se mantienen desde épocas prehistóricas.

El Xarel·lo Selecció se presenta en una elegante botella bordelesa con una etiqueta muy personal, como el *storytelling* de su viticultora y enóloga, Judit Sogas, ya que ella misma plantó la viña cuando nació su hija. La personalidad de este vino viene de la selección y ensam-

blaje de xarel·lo blanco y xarel·lo vermell, esta última una variedad que sigue levantando curiosidad entre los *wine lovers* y una gran admiración entre los *wine experts*.

Es un vino blanco muy versátil, ecológico, que ha pasado 14 meses en barricas de roble francés. Color dorado de capa alta con notas ocres, aromas a frutas confitadas, membrillo y melocotón, con un toque fresco a hierbas aromáticas, hinojo y flores secas. Los aromas de crianza a madera nueva no enmascaran las notas varietales del xarel·lo, que tan bien se ha adaptado al territorio. En boca es amplio, cremoso y persistente. Altamente gastronómico, se recomienda airearlo unos minutos en la copa para disfrutarlo en todo su esplendor. Un vino extraordinario, uno de los mejores vinos blancos de Lleida.
Meritxell Falgueras

91
LA VANGUARDIA
PUNTOS

Viña Pomal Reserva 2017

DOCa RIOJA. BODEGAS BILBAÍNAS (Haro, La Rioja)
🍇 **100% tempranillo** 🛢 **18 meses**
🪙 **15€**

Viña Pomal es un clásico con una nueva imagen renovada. Es uno de los vinos históricos de España y sigue siendo el principal vino de la bodega.

El primer Viña Pomal fue un Reserva Especial 1904, que al principio también se etiquetó con la marca Castle Pomal para el mercado británico. Desde 1911 se elabora con uva de la finca Viña Pomal, icónica en Rioja por su emblemática caseta tradicional para los aperos del campo. Son 90 hectáreas adquiridas en 1908 que se han ido renovando, con las cepas más viejas de 1971.

Tempranillo con crianza de 18 meses en barrica de roble americano y 24 meses de afinado en botella. La cosecha 2017 ofreció vinos cálidos, así que es una añada con más estructura, intensidad y carga frutal

de lo habitual, pero sigue siendo un clásico de Rioja, con los frutos rojos envueltos en notas florales, regaliz negro, vainilla y torrefactos.

Su nueva imagen aún mantiene guiños a su estilo de la década de 1920 y 1930, con la botella tipo borgoña, la ilustración de la bodega y el sello con el número 10 en el registro de embotelladores de Rioja.

Bodegas Bilbaínas (1901) es propiedad de Codorníu desde 1997, que optimizó los viñedos, rehabilitó los edificios históricos, modernizó la bodega y remodeló los jardines. Hoy es una bodega centenaria impecable, con una de las mayores superficies de calados subterráneos de Rioja. Visita imprescindible, más aún este año, que el jurado hemos otorgado el premio Best Of 2024 al "Barrio de la Estación Tours", con la visita combinada a tres bodegas del Barrio de la Estación de Haro, la mayor concentración de bodegas centenarias del mundo. **Lluís Tolosa**

90
LA VANGUARDIA
PUNTOS

Llanos Negros
Malvasía Aromática
2021

DO LA PALMA. **LLANOS NEGROS**
(Fuencaliente de La Palma, Islas
Canarias) 🍇 **Malvasía** 🛢 **12 meses**
🍷 **24€**

Cuando se trata de una orografía
escarpada y una grandísima altitud
en una isla, es muy fácil pensar en
La Palma, donde hay viñedos únicos, siempre con el mar próximo y
vigilando de reojo. Los cambios son
increíbles en tan limitada superficie
y en consonancia los paisajes son
muy cambiantes.

Esfuerzo, perseverancia, exigen-
cia, sacrificio y autenticidad serían
buenos adjetivos para definir a
quienes trabajan estos parajes. La
mayoría de los viñedos se encuen-
tran en bancales con pendientes de
gran inclinación, algo que siempre
será un reto, especialmente en el
momento de recoger la uva.

Llanos Negros es una bodega con
gran recorrido y muy actual, que ha
colaborado de manera significativa
a poner los vinos palmeros en lo

más alto, gracias a su buen hacer y
con una uva como es la malvasía.
Sin duda, la malvasía es la reina de
la isla en sus diferentes versiones,
se asienta sobre suelos arenosos
cubiertos de ceniza volcánica,
donde los viñedos están esculpidos
en la tierra.

En este caso, con las viñas más
viejas y cualificadas se hace una
vendimia tardía, con cierta pasi-
ficación y selección en el campo
y en la bodega. Cuando finaliza
la fermentación, el vino se cría
en barricas de 500 litros de roble
francés, al menos un año. Este vino
es una delicia que deleita con su
perfumada nariz. Destacan aromas
a naranja confitada, orejones, flores
secas, manzana reineta y especias
dulces. La boca es envolvente,
donde acidez y dulzor bailan al
compás. Además, este vino ofrece
un grandísimo potencial de envejecimiento. **María José Huertas**

porque marcan tendencia

Este es uno de los capítulos con los que más disfrutamos, porque nos permite mostrar las muchas **tendencias** que vive el sector del vino.

Describimos tendencias generales del mercado, nuevas formas de elaborar vinos, tendencias en enoturismo, en sostenibilidad, en packaging y muchas otras tendencias, pero este año destacan sobre todo dos.

Premio a la Trayectoria Profesional para Miguel A. Torres, porque ha impulsado proyectos muy importantes, incluso décadas antes que otros, últimamente en dos ámbitos, la recuperación de variedades ancestrales y la sostenibilidad, hacia la agricultura regenerativa.

Premio a la Innovación Enológica para el Cenisia Rosé, de la bodega Castelo de Pedregosa, el mejor de sus cuatro vinos presentados en lata, de excelente relación calidad-precio, excelente packaging y excelente marketing, hasta el punto de vender 2 millones de latas en menos de dos años.

96
LA VANGUARDIA
PUNTOS

Ube
Miraflores
2022

Sin DO. BODEGAS COTA 45
(Sanlúcar de Barrameda, Cádiz)
🍇 100% palomino fino
🛢 3 meses 💰 20€

Los profesionales del vino, tanto sumilleres como el resto del sector de la restauración, amamos el Jerez. Sin embargo, a este vino fortificado, seco y penetrante le cuesta conquistar las mesas fuera del ámbito gastronómico o fuera de su Andalucía natal.

Seguramente se deba a que no es fácil de beber y requiere de cierto conocimiento y cultura para apreciarlo del todo. Por eso, su consumo se suele restringir a un aperitivo o a un maridaje específico, y no dejamos de preguntarnos, ¿cómo hacer que colonice la mesa y no se quede relegado a estos breves momentos?

La respuesta podría estar en los vinos de pasto. Es una nueva categoría que está entrando en las cartas de los mejores restaurantes y está revolucionando el panorama del consumo de estos vinos. En su mayoría se elaboran en Jerez y con la variedad tradicional palomino fino, pero no se fortifican. Por ello, su contenido alcohol es moderado, alrededor de 11,5°.

Hay un grupo de productores liderando esta reconversión. Son Territorio Albariza y sus vinos de pasto miran más al viñedo que a la bodega. Ramiro Ibáñez, de Cota 45, es uno de ellos, con gran cultura en cuestiones vinícolas jerezanas.

Ube, de ubérrimo, fértil, proviene del viñedo Miraflores, el más icónico de Sanlúcar de Barrameda y el que da los vinos más finos y delicados. Tras la fermentación, pasa por una rápida crianza biológica bajo velo flor donde se enriquece de aromas calizos, panadería y ahumados. Es un vino de estructura muy fina, gastronómico y profundo. Son 15.000 botellas que dibujan un futuro brillante para los vinos del Marco de Jerez. **Ferran Centelles**

95
LA VANGUARDIA
PUNTOS

Monopole Clásico 2019

DOCa RIOJA. CVNE (Haro, La Rioja) Viura, otras 8 meses 22€

En el mundo del vino, constantemente surgen nuevos estilos y nuevas tendencias que capturan la atención de los amantes de esta bebida. Estos vinos que marcan tendencia suelen romper con las convenciones tradicionales y ofrecen experiencias únicas y emocionantes.

¿Sabías que Monopole es la marca de vino blanco más antigua de España? Se elabora desde 1915, realmente increíble. Este Monopole Clásico es la historia de un *remake* al cabo de 40 años, elaborado como en los años setenta, con la calidad de hoy y el entusiasmo de que las futuras generaciones beban vinos históricos, pero actuales.

El Monopole Clásico es un vino blanco seco, elaborado principalmente con la variedad viura y pequeñas cantidades de otras varie-

dades blancas autóctonas. Procede de un viñedo propio en Villalba de Rioja, de suelos calizos, típicos de la zona, situado a unos 600 metros de altitud. Se caracteriza por su frescura, equilibrio y elegancia, con notas a frutas blancas, cítricos y finos matices herbáceos. Su gran diferencia son los recuerdos a los vinos de Jerez, tras su crianza en botas usadas de 300, 400 y 500 litros de capacidad.

Es un vino ideal para maridar con pescados, mariscos, arroces y aves, así como para disfrutarlo solo como aperitivo. No hay que servirlo muy frío, ya que pierde su fragante aroma y puede parecer amargo. Además de su excelente calidad, el Monopole Clásico también destaca por su excelente relación calidad-precio, lo que lo convierte en una opción muy atractiva para los amantes de los vinos blancos.

Zoltan Nagy

94
LA VANGUARDIA
PUNTOS

Cosme Palacio 1894 2018

DOCa RIOJA. BODEGAS COSME PALACIO (Laguardia, Álava)
🍇 **93% viura, 7% malvasía**
🛢 **12 meses** 🍷 **49€**

Cosme Palacio (1894) es la demostración de cómo las bodegas centenarias de Rioja siguen siendo rabiosamente modernas e innovadoras. En 1991, fueron la primera bodega en abrir un espacio dedicado al enoturismo en Rioja Alavesa, ahora reabren La Casa Cosme Palacio tras una rehabilitación impresionante y con un concepto nuevo, totalmente único y original.

Se trata del primer alojamiento *"Solo por invitación"* de España. Hay que explicarlo bien. Cualquier familia, grupo o empresa puede solicitar la estancia, se estudia cada caso y se personaliza todo, a medida, desde la propuesta enogastronómica hasta las actividades enoturísticas. Solo después llega la invitación, con el trato de *"invitado"*, que incluye un impecable y discreto servicio

cinco estrellas, con chef privado y mayordomo de guante blanco.

La Casa Cosme Palacio marca tendencia en enoturismo y sitúa Rioja en el segmento más alto del Enoturismo Premium. El jurado de los premios Best Of Bilbao-Rioja no dudamos ni un segundo: premio Best Of al Mejor Alojamiento Enoturístico 2024 y premio Best Of Internacional para que represente a España en la final mundial de Great Wine Capitals (GWC).

En nuestra estancia nos encantó el Cosme Palacio 1894. Homenaje a los grandes blancos criados en barrica en Rioja. Ensamblaje tradicional de viura y malvasía de viñas de 1920, con 12 meses en barricas de roble francés de 500 litros. Perfeccionista, elegante y complejo. Pera, miel, especias, notas exóticas, florales y minerales, con final a ebanistería fina. Un detallazo más de Ignacio Oñate, su impecable *"gerente de invitados"*. **Lluís Tolosa**

92
LA VANGUARDIA
PUNTOS

Clos Ancestral 2022

**PREMIO
TRAYECTORIA
PROFESIONAL**
LA VANGUARDIA
2024

**DO PENEDÈS. FAMILIA TORRES
(Pacs del Penedès, Barcelona)**
Forcada, xarel·lo 17€

Novedad de Familia Torres, expresivo de la variedad prefiloxérica forcada. Un nuevo blanco ecológico en su proceso de recuperar variedades ancestrales para afrontar el cambio climático.

Miguel A. Torres inició el proyecto de recuperación de variedades prefiloxéricas a principios de los ochenta, inicialmente con motivaciones filantrópicas, para contribuir a recuperar el patrimonio vitícola anterior a la filoxera en Catalunya. En los últimos años, la quinta generación, Miguel y Mireia Torres, han seguido con el proyecto, identificando las variedades con mayor potencial enológico y las que mejor se adaptan al cambio climático.

La forcada, autorizada en la DO Penedès en 2018, es hasta ahora la única variedad ancestral blanca, de las más de cincuenta que han

recuperado, capaz de producir grandes vinos y hacer frente al cambio climático.

El Clos Ancestral procede básicamente de la finca Mas Palau, singular en altitud (500 m), lejos de la influencia marítima, con suelos arcilloso-calcáreos de color rojizo. Única también por su vendimia en octubre, la última blanca cosechada en el Penedès.

Miguel A. Torres ha impulsado proyectos muy importantes, mucho antes que otros, y lo que es más difícil, los ha mantenido durante décadas y los ha transmitido a las siguientes generaciones. Considerado uno de los 100 líderes climáticos mundiales por la revista *Time*, es el único líder en el ranking que pertenece al sector de la producción de vino. Es un honor concederle nuestro Premio a la Trayectoria Profesional. **Alicia Estrada**

Una historia para vivir, una historia para contar.

BODEGA   RESTAURANTE   CLUB DEPORTIVO – GOLF   ECO-HOTEL
CASTILLO   "BAGES 964"   "ÀNIMA" WELLNESS   "LES CABANES DE L'OLLER"

HERETAT
OLLER del MAS
EST. 964

Ctra. Igualada c-37z Km 91
08241 Manresa (Barcelona)
ollerdelmas.com

Información y contacto:
+34 938 768 315
info@ollerdelmas.com

93
LA VANGUARDIA
PUNTOS

Càndia 2018

Sin DO. HERETAT OLLER DEL MAS (Manresa, Barcelona)
🍇 Garnacha, samsó, sumoll, syrah
🛢 5 meses 🍇 25€

Este vino me encanta. Me parece rabiosamente moderno. Creo que muestra muchas de las tendencias actuales y el carácter de los nuevos vinos del siglo XXI. Se expresa desde la identidad local, de su zona, sus fincas y sus variedades, y muestra los valores e inquietudes de Frank Margenat, autoexigente y emprendedor, capaz de situar en pocos años una bodega desconocida entre las más importantes de Catalunya.

Càndia se presenta como vino experimental, pero es uno de los vinos más completos, seductores, redondos y equilibrados que he probado este año. Garnacha, samsó, sumoll y syrah (paradójicamente sin DO, por utilizar samsó), de cuatro parcelas de su finca de 600 hectáreas de viñas, bosques y oliveras ante la imponente silueta

de la montaña de Montserrat.

Producción ecológica en su tercer año de viticultura regenerativa. Vendimia manual y selección de racimos. Elaboración también delicada y minuciosa. Fermentación espontánea de la sumoll, maceraciones cortas para no forzar la extracción y malolácticas en barrica y huevo de cemento. Crianza corta, 5 meses en barrica de roble francés, priorizando la expresión frutal, con largo afinado en botella.

Como dice Laia Puig, directora adjunta, "*nos ha quedado como queríamos. Poca capa de color, pero boca intensa*". Efectivamente, es suave, ligero, sutil, pero muy expresivo. Frutillos rojos con notas florales, luego especiadas y al final balsámicas. "*Sorprendentemente, ha tenido mucho éxito. A todo el mundo le gusta, es muy amable, tiene poca madera y es muy goloso. Interesante para ver su evolución en botella los próximos 10 años*".
Lluís Tolosa

92 LA VANGUARDIA **PUNTOS**

Beronia Reserva 50° Aniversario 2019

DOCa RIOJA. BODEGAS BERONIA (Ollauri, La Rioja) 🍇 **Tempranillo, graciano** 🛢 **18 meses** 🍷 **17€**

Beronia (1973) celebra sus 50 años con una edición conmemorativa de su Reserva, homenaje a los fundadores de la bodega, un grupo de amigos que se reunía en un txoko para compartir la pasión por el vino y la gastronomía.

El nombre de la bodega se remonta a los orígenes de estas tierras, que en el siglo III a.C. estaban habitadas por los berones, el pueblo guerrero de origen celta que marcaba los límites de la Beronia, lo que hoy es La Rioja.

En 1982 encontraron en González Byass el socio ideal para desarrollar su gama de vinos y dar el gran salto internacional, hoy con presencia en 80 países. Actualmente tienen 25 hectáreas de viña propia alrededor de la bodega y 870 hectáreas controladas con acuerdos con más de 200 viticultores de la zona.

En 2022 su nueva bodega fue la primera en obtener las certificaciones LEED Gold y LEED V4 BD+C:NC, que la convierten en la más sostenible del mundo. Los miembros del jurado de los premios Best Of Bilbao-Rioja le dimos el Best Of en Sostenibilidad 2023. Y su arquitectura ha merecido tres importantes premios internacionales: World Design Award en la categoría Industrial Architecture, premio Agricultural Building en los Architecture Masterprize y finalista en el Word Architecture Festival.

El Beronia 50° Aniversario muestra su característico estilo de vinos. Tempranillo y graciano de las viñas del entorno de la bodega. Crianza de 18 meses en 80 barricas de roble francés y barricas mixtas con duelas de roble americano y tapas de roble francés, con 18 meses de reposo en botella. Frutos rojos, especias, regaliz, chocolate y suaves mentolados. **Lluís Tolosa**

92
LA VANGUARDIA
PUNTOS

Valduero Criado sobre Lías Albillo Mayor 2021

DO RIBERA DEL DUERO.
BODEGAS VALDUERO (Gumiel de Mercado, Burgos) 🍇 **100% albillo mayor** 🍷 **19€**

Valduero es una bodega cuya filosofía entiende que el proceso empieza en la viña y termina en el gozo de cada persona que da un sorbo a uno sus vinos. Muestra de ello es que nunca salen al mercado antes de estar ya concebidos para dar placer.

La Ribera del Duero, afamada por sus vinos tintos, y me atrevería a mencionar sus claretes, está de estreno desde el año 2019 con su denominación de origen en vinos blancos. Valduero fue bodega pionera y visionaria en el tema de la uva albillo ribereña y de manera triunfal. Fue la primera bodega que lo embotelló, y mejor aún, lo conservó en la viña cuando en estos lares se arrancaba. Su largo bagaje con la variedad albillo le ha servido para ir evolucionando y hoy en día

experimentar con acierto las largas crianzas en barrica.

La selección de la uva será nocturna en las 12 hectáreas de las fincas La Yunquera y Buenos Santos, donde el suelo es de guijarro y arena. La altitud es también un regalo en estas viñas, a más de 800 metros, lo que es una generalidad en la Ribera del Duero. El clima es continental con influencia mediterránea y ese salto térmico día-noche beneficiará a la uva aromáticamente. La crianza del vino es con lías, aportando volumen en boca y haciéndolo un vino muy gastronómico.

De color amarillo pajizo y brillante. En nariz encontramos mucha fruta fresca del tipo pomelo, corteza de limón, piña y manzana. Es muy herbal, algo balsámico y ofrece además notas a miel y tostados. La boca es envolvente, fresca y de elegante y largo final.
María José Huertas

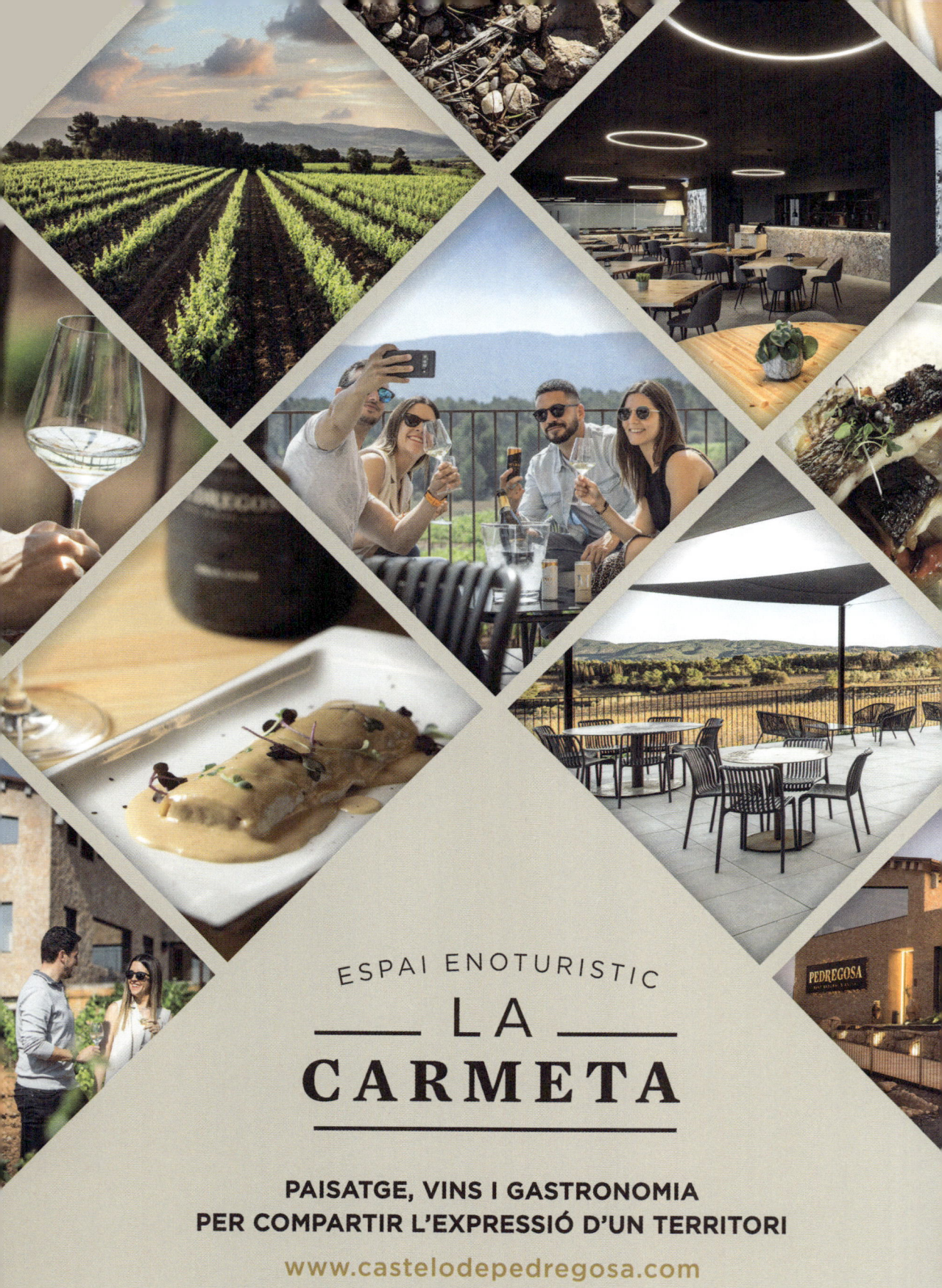

ESPAI ENOTURISTIC

LA
CARMETA

**PAISATGE, VINS I GASTRONOMIA
PER COMPARTIR L'EXPRESSIÓ D'UN TERRITORI**

www.castelodepedregosa.com

BP-2151, Km 10, 5, 08770
Sant Sadurní d'Anoia, Barcelona

castelodepedregosa   castelodepedregosa

91
LA VANGUARDIA
PUNTOS

Cenisia Rosé 2022

PREMIO
INNOVACIÓN ENOLÓGICA
LA VANGUARDIA
2024

DO CATALUNYA. CASTELO DE PEDREGOSA (Sant Sadurní d'Anoia, Barcelona)
🍇 **100% garnacha negra** 🥫 **2,50€**

Los más clásicos, conservadores y puristas dicen que la lata desprestigia el vino, algunos incluso se ponen apocalípticos, y es cierto que han salido al mercado algunos proyectos de vinos en lata sin ninguna calidad, muchas veces incluso desde fuera del sector del vino.

Mi experiencia, sentado al solecito en la terracita de La Carmeta, fue absolutamente fantástica. Ruben Pedregosa me ofreció una lata de su Cenisia Rosé y no fui capaz de encontrarle ningún inconveniente, más bien me encantó.

Parece que no soy el único, porque en menos de dos años han vendido 2 millones de latas de vino. Elaboran dos blancos, Lineo y Alyssum, este Cenisia Rosé y el Dulban tinto. Sin duda, el mejor logrado es el Cenisia Rosé, es una

ROSÉ
CENISIA
SANT SADURNÍ D'ANOIA
ORGANIC WINE
2022
CASTELO de PEDREGOSA

monodosis muy cómoda para una persona, por eso puedes elegir una de estas cuatro latas con su Menú Ejecutivo de 25€ en La Carmeta.

Pero esto no va solo de latas. Todo se gestó en septiembre de 2020, todavía en pandemia. Pero la máquina enlatadora que encargaron no llegó hasta junio de 2021. Técnicamente muy ajustada, porque la lata requiere una lámina interior especial y porque una lata de 10 gramos se cae a la mínima, un riesgo enorme si trabajas a 3.000 latas/hora. Para entendernos, la máquina vale 500.000€.

Se ve que querían hacerlo bien, así que al reto técnico y económico se sumó el reto burocrático. La DO Penedès no lo vio claro. Quien apostó por ellos fue la DO Catalunya. Y sí, es vino en lata, pero bueno, con variedad identificada, su añada y su denominación de origen. Todo impecable. Por eso nuestro Premio a la Innovación Enológica 2024.
Lluís Tolosa

por su excelente relación calidad-precio

Este capítulo sería sorprendente en otros países, porque es difícil encontrar en el mundo vinos con **mejor relación calidad-precio**.

Todos los vinos que hemos seleccionado este año están por debajo de los 13€, sin embargo, todos están por encima de los 90 puntos y varios de ellos son auténticos descubrimientos, vinos de 93-94 puntos en una franja de precios de 9-12€ es algo realmente **increíble en el mundo**.

Como dice Ferran Centelles sobre el vino que ha seleccionado, "*es difícil encontrar tanta calidad y sabor por menos de 10€*".

94 LA VANGUARDIA
PUNTOS

Las Laderas 2021

DOCa RIOJA. BODEGA BIDEONA
(Villabuena de Álava, Álava)
🍇 **Tempranillo, graciano, mencía,**
garnacha 🛢 **6 meses** 💰 **9€**

Las Laderas es un vino que podría
estar en otras categorías de esta
guía. Marca tendencia, es un gran
vino y proviene de fincas especta-
culares. Sin embargo, lo que hace
que este vino sea todavía más
asombroso es su precio. Es difícil
encontrar tanta calidad y sabor por
menos de 10€.

La Rioja Alavesa es un enclave
singular dentro de la denominación
más famosa de España. No hay
grandes extensiones de viñedos,
son laderas de relieves capricho-
sos, acariciadas por los vientos
del Cantábrico, el Atlántico y el
Mediterráneo. Es imposible aplicar
una viticultura extensiva.

Este paisaje fascinó a Andreas
Kubach, un talentoso Master of
Wine hispano-alemán. Se le unió
Sam Harrop, otro Master of Wine,
de origen neozelandés, que sería
lo más parecido a una enciclopedia
del vino con patas. Y finalmente,
Tao Platón, un enólogo-viticul-
tor-químico erudito, otra de las
grandes personalidades vitícolas
que tenemos. A mí me recuerdan a
un *Big three*, que en argot baloncés-
tístico es un equipo que cuenta con
tres jugadores estelares. Son los Tim
Duncan, Tony Parker y Manu Ginóbili
de los San Antonio Spurs.

Las Laderas es su vino de entrada
de gama, llamado así en recuerdo
a este paisaje característico de la
Rioja Alavesa. Un vino regional que
se elabora de la misma manera que
sus vinos de pueblo o de viñedo.
Una joya de sabor jugoso, un río de
fruta fresca, goloso y de máximo
placer. Es un vino irresistible que
suele ser el primero en terminarse
en cualquier cata. Nadie ofrece
más por menos. Como diría algún
retransmisor de la NBA: «*What a
spectacular move!*».
Ferran Centelles

93
LA VANGUARDIA
PUNTOS

Finca Viñoa
Treixadura
2022

DO RIBEIRO. PAZO DE CASANOVA
(Santa Cruz de Arrabaldo,
Ourense) 🍇 **90% treixadura, 5%**
albariño, 3% godello, 2% loureira
🍷 **12€**

El Pazo de Casanova ha jugado
desde el siglo XVIII un importante
papel en la comercialización del
vino en la comarca. Los propietarios originales cuidaron las viñas
durante más de 250 años, hasta
que cayeron en desuso. Ahora se
está recuperando el antiguo viñedo
desaparecido del histórico valle del
río Avia.

Gran descubrimiento este vino
elaborado con treixadura, de una
bodega con gran calidad en sus
pequeñas producciones, dentro de
una DO Ribeiro cada vez más en
boga, que ha ido escalando poco
a poco, pero con paso firme. Este
vino en concreto ha sido siempre
bastante laureado por la crítica
y alabado por el consumidor.
Podemos añadir que su relación

calidad-placer sorprende. A favor
de esta denominación, añadiremos
también que cada vez más nos
ofrece vinos tintos muy frescos y
elegantes.

Este vino representa muy bien la
filosofía y estilo de esta bodega.
Toma el nombre de la finca A Viñoa,
en las laderas del valle del Avia,
con viñas en escarpadas terrazas
contenidas con muros de granito, la
hoy llamada viticultura heroica. El
suelo principalmente se compone
de granito y esquistos, lo que le da
ese carácter tan afilado al vino.

Color amarillo pajizo, limpio y
brillante. En nariz aúna elegancia,
jovialidad y frutosidad, destacan-
do frutas blancas como manzana,
ciruela amarilla y toques cítricos.
Se acompaña de notas herbales,
flores de campo, musgo y sutiles
toques minerales. En boca destaco
el volumen en el paso, con vibrante
acidez. Es muy sápido, afrutado y
al final se aprecian matices salinos.
María José Huertas

GOURMET LA VANGUARDIA

Priorats sublimes

Selección de vinos con el carácter de una tierra única

SEIS BOTELLAS
79€*
VALORADAS EN
112

 **2022** | **92** TOLOSA

ÀNIMA DEL PRIORAT
DOQ Priorat
Garnacha, cariñena, syrah,
cabernet sauvignon, merlot
CASA GRAN DEL SIURANA
Priorat joven, suave y elegante.
Explosión de fruta roja, notas florales
y minerales tras 6 meses de crianza
en acero inoxidable y cemento.

 2019 |  **93** TOLOSA | **92** PEÑÍN

CRUOR CLÀSSIC
DOQ Priorat
Garnacha, cariñena, syrah,
cabernet sauvignon
CASA GRAN DEL SIURANA
Nueva imagen para un gran clásico
del Priorat. Complejidad y profundidad,
fruta negra, sotobosque, balsámicos y
especias tras 14 meses en roble francés.

 2021 | **92** TOLOSA | **92** PEÑÍN |
ES-ECO-019-CT

GOTES DEL PRIORAT
DOQ Priorat
50% garnacha, 40% cariñena,
10% syrah
CLOS DEL PORTAL
Concentración de fruta con
textura muy suave, fresco y
mineral tras 12 meses en fudres
y barricas de roble francés.

 www
gourmetlavanguardia.com
📞 **935 500 105**

ACCEDE A LA OFERTA

93
LA VANGUARDIA
PUNTOS

Marqués del Atrio Reserva 2017

DOCa RIOJA. MARQUÉS DEL ATRIO (Mendavia, Navarra)
🍇 Tempranillo, graciano
🛢 24 meses 🪙 10€

El superventas es el Marqués del Atrio Crianza (8,50€), pero el gran descubrimiento es el Marqués del Atrio Reserva (10,00€). Son dos vinos que representan dos conceptos de maduración típicos de Rioja. Ambos con ensamblaje de tempranillo y graciano. Pero el primero con 12 meses de crianza y el segundo con 24 meses de crianza. Juntos forman una pareja imbatible en relación calidad-precio.

El Reserva es de estilo clásico de Rioja, de la zona de Mendavia, en plena Rioja navarra, con las viñas entre los 300 y 600 metros de altitud. El tempranillo aporta la frutosidad y las típicas notas a regaliz negro, el graciano aportar el frescor y las notas a hierbas aromáticas. La crianza de 24 meses en barrica de roble francés y americano envuel-

ve la fruta en notas especiadas, tostadas y ahumadas. El afinado de 12 meses en botella le da redondez y unos taninos maduros y sedosos. Todo está en su sitio.

El Grupo Marqués del Atrio tiene sus orígenes en Bodegas Faustino Rivero Ulecia, que inició su actividad vitivinícola en 1899 en Arnedo, en la Rioja Baja, ahora llamada Rioja Oriental. Cinco generaciones después producen vinos en Rioja, Navarra, Rías Baixas y Utiel-Requena.

Mi contacto directo con esta bodega se ha estrechado mucho este último año. Siguiendo mi interés por el *boom* del vino y el enoturismo en China, llegué a Marqués del Atrio, porque ha sido la bodega elegida para la inversión de Changyu en España. Changyu (1892) es la mayor y más antigua bodega de China y una de las mayores bodegas del mundo. Podéis leer ésta y otras historias fascinantes en nuestro libro *Aventuras en la ruta del vino de China*. **Lluís Tolosa**

92
LA VANGUARDIA
PUNTOS

La Linde
2021

DO RIBERA DEL DUERO.
BODEGAS LÓPEZ CRISTOBAL
(Roa de Duero, Burgos)
🍇 **95% tinta del país, 5% merlot**
🛢 **3 meses** 💰 **9€**

Trabajando en diferentes restaurantes de alto nivel en Barcelona, siempre tengo la suerte de probar muchos vinos. Un día me llegó este vino y me encandiló. Venía de un pequeño productor que en los años treinta inició un proyecto familiar en la Ribera del Duero, donde el empujón definitivo llegó en los años ochenta, con la creación de la Denominación de Origen.

Hablo del señor Santiago López. Luego su hijo, también Santiago, tras unos años como viticultor, elaboró su propio vino, creando lo que hoy se conoce como Bodegas López Cristóbal. El nombre es el resultado de la unión de dos apellidos: López, por parte de Santiago, y Cristóbal, por parte de Lola, su esposa. Galo López Cristóbal,

tercera generación, fue clave en la consolidación definitiva de la bodega, aportando un carácter más personal a los vinos.

La Linde es un vino joven, fresco y frutal que refleja el carácter de la Ribera del Duero. Estas virtudes le han llevado a ganar el Gran Baco de Oro, Premio Luis Hidalgo, como Mejor Vino Joven en los premios Baco organizados por la Unión Española de Catadores, donde tuve la suerte de participar algunos años. Sin duda, una excelente opción para los amantes del vino que buscan nuevas experiencias y nuevos sabores. En relación calidad-precio hay muy pocos riberas como este. La clave está en dar el máximo protagonismo al viñedo, con mimo en la viticultura. Si este es su vino tinto de entrada de gama, imagínate sus otros cuatro vinos tintos. Pero, para empezar, no te olvides de este nombre: ¡La Linde! **Zoltan Nagy**

91
LA VANGUARDIA
PUNTOS

Pruno
2021

DO RIBERA DEL DUERO.
FINCA VILLACRECES (Peñafiel, Valladolid) 🍇 **95% tempranillo, 5% cabernet sauvignon**
🛢 **12 meses** 💰 **13€**

Una década de Prunomanía. Así ha presentado Finca Villacreces el Pruno 2021. Esta añada celebra una década de uno de los reconocimientos internacionales más importantes de la historia del vino español. Hace 10 años, Robert Parker dijo que era mejor vino del mundo en relación calidad-precio. Desde entonces, Pruno es una de las marcas más conocidas de la Ribera del Duero y sus ventas llegan a más de 50 países.

Un auténtico fenómeno en el mercado español, a menudo agotado en tiendas y restaurantes, distribuido por cuotas, recibiendo cada botella con cuentagotas en los puntos de venta. Fácil, directo y efec-

tivo. Exprime al máximo el argumento de que nace de los viñedos colindantes a Vega Sicilia, pero de estilo y precio totalmente asequibles para todos los públicos.

Lalo Antón, propietario de la bodega, dice que esta añada 2021 está "*quizás entre las cinco mejores del siglo para Finca Villacreces*". Tempranillo con un punto de cabernet sauvignon y crianza de 12 meses entre barricas de roble francés y americano.

También en tamaño magnum (1,5 litros) con un packaging especial y sostenible para los *prunolovers*. Para esta añada 2021, se han diseñado tres estuches diferentes que muestran los aromas y colores que se pueden encontrar en este vino. Todo lo hacen bien. Ideal como regalo. Excelente relación calidad-precio-prestigio.
Lluís Tolosa

91 LA VANGUARDIA **PUNTOS**

Saiaz de Puente del Ea 2019

DOCa RIOJA. BODEGAS PUENTE DEL EA (Sajazarra, La Rioja)
🍇 **100% tempranillo** 🛢 **12 meses**
🍷 **12€**

El equipo de Bodegas Puente del Ea reunió a la prensa especializada de Barcelona para presentarnos sus vinos, en un evento organizado conjuntamente por Criteria (Logroño) y Pcats Comunicació (Barcelona), dos agencias de marketing, comunicación y eventos con las que colaboramos habitualmente, ambas bajo la dirección de dos mujeres altamente profesionales, Raquel Azagra y Sole Ga. Insua, respectivamente.

La sorpresa fue mayúscula al ver la calidad de estos vinos, sobre todo su magnífica relación calidad-precio. Al frente de la presentación estaba Julien Viaud, ingeniero agrónomo, viticultor, enólogo y consultor internacional, conocido por sus más de 15 años en el equipo de Michel Rolland, el más famoso asesor *winemaker* del mundo. Julien encarna la nueva generación de viticultores que se involucran tanto en la enología como en la viticultura. Con él trabaja la riojana Ana Gonzalo como enóloga principal, con Rodrigo Madrid en la dirección del proyecto.

Puente del Ea es una bodega boutique situada a orillas del río Ea, en el bonito pueblo de Sajazarra, en la comarca de Haro. Sus viñas representan el extremo más occidental y elevado de la Rioja Alta, a 520 metros de altitud, en el entorno de los Montes Obarenes.

Saiaz es un homenaje al pueblo de Sajazarra, con gran tradición vitivinícola. Monovarietal 100% tempranillo con 12 meses de crianza en barricas de roble francés y 12 meses de afinado en botella. Mucha fruta roja, fresca, tonos especiados, lácticos y cremosos. La liebre autóctona de su etiqueta representa su carácter vivo, enérgico y vibrante. **Alicia Estrada**

90
LA VANGUARDIA
PUNTOS

Laus
Garnacha Tinta
2021

DO SOMONTANO. BODEGA LAUS
(Barbastro, Huesca)
🍇 **100% garnacha tinta**
🛢 **4 meses** 💰 **6€**

La última novedad de Laus, un monovarietal de garnacha tinta que destaca por su excelente relación calidad-precio. De hecho, puede presumir de ser el vino más económico entre los 100 vinos seleccionados este año para esta guía.

Representa, además, la apuesta más clara de Laus por las variedades autóctonas, ya que su gama clásica se estructura en torno a las variedades internacionales, como es habitual en la DO Somontano. En este caso, son garnachas de viñas propias elaboradas a suaves temperaturas en depósitos de acero inoxidable para extraer toda la expresión frutal y floral típica de la garnacha, con solo 4 meses de crianza en barricas de roble mixto para suavizar los taninos y obtener un vino suave, redondo y goloso.

Para los que pasamos el invierno en el Pirineo aragonés, el 2021 estuvo marcado por la borrasca Filomena, que dejó importantes nevadas. Por suerte, el Somontano no sufrió temperaturas muy bajas, gracias a su situación climatológicamente estratégica a los pies de los Pirineos. Luego, aunque la primavera empezó bastante cálida, enseguida se enfrió, ralentizando el ciclo vegetativo de las viñas. Si le sumamos un verano suave y fresco, la maduración fue realmente ideal, lenta, progresiva y completa, sin rastro de sobremaduración.

Así nace esta garnacha suave, afrutada y golosa, con el típico color rojo rubí con ribete violáceo de su juventud. La corta crianza simplemente le aporta un puntito de complejidad, suaves matices ahumados, vainillas y especias, con los taninos suaves y dulces. Muy fácil de beber, para cualquier ocasión. **Lluís Tolosa**

por su precioso color rosado

La **revolución** de los vinos rosados nos sigue sorprendiendo.

Este año nuestra selección de rosados es algo más corta, porque nos hemos desbordado con la selección de blancos y espumosos, pero los cuatro rosados que hemos seleccionado son **auténticas joyas**.

Premio Mejor Vino Rosado para el nuevo XR Rosé de Marqués de Riscal (DOCa Rioja). Es el rosado perfecto, por calidad, concepción y presentación. Pura personalidad, elegante, ambicioso y seductor. Profundamente riojano, elaborado con viñas viejas de garnacha y viura de Elciego (Rioja Alavesa), con más de 50 años de edad.

94
LA VANGUARDIA
PUNTOS

XR Rosé de Marqués de Riscal 2022

PREMIO
MEJOR
VINO ROSADO
LA VANGUARDIA
2024

DOCa RIOJA. HEREDEROS DEL MARQUÉS DE RISCAL (Elciego, Álava) 🍇 **Garnacha, viura** 🍷 **21€**

Marqués de Riscal (1858) tiene la virtud de ser un clásico eternamente moderno e innovador. Fueron los grandes pioneros de Rioja hace más de un siglo y medio. Volvieron a ser sorprendentemente modernos contratando al arquitecto Frank Gehry para diseñar su hotel en la Ciudad del Vino (2006). Y llevan tres años consecutivos liderando el prestigioso ranking World's Best Vineyards, como la mejor bodega de Europa y la segunda del mundo.

También son constantemente modernos e innovadores con su nueva gama de vinos. En ediciones anteriores de esta guía ya destacamos el nacimiento de su nuevo tinto XR Reserva. El símbolo XR era una tradición del maestro bodeguero que duró casi cien años en Marqués de Riscal. Al estilo de los capataces bordeleses, el enólogo marcaba el signo XR con tiza en las barricas que le parecían reservas extraordinarias. Durante casi un siglo (1869-1964) aquellos vinos extraordinarios nunca se comercializaron. Ahora salen al mercado con toda su carga histórica y una presentación realmente transgresora, moderna y elegante.

XR Rosé es la gran novedad que se suma a esta nueva gama de vinos de Marqués de Riscal. Es el rosado perfecto, por calidad, concepción y presentación. Pura personalidad, elegante, ambicioso y seductor. Elaborado tras una selección de viñas viejas, garnachas y viuras de Elciego, de más de 50 años de edad. Precioso color salmón pálido, muy elegante y equilibrado en boca, con la frutosidad de la garnacha y la frescura de la viura, perfectamente ensambladas. Sin duda, Premio al Mejor Vino Rosado 2024. **Lluís Tolosa**

94 LA VANGUARDIA **PUNTOS**

La Huella de Aitana 2023

DO NAVARRA. GONZALO CELAYETA WINES (Olite, Navarra)
🍇 **100% garnacha tinta**
🛢 **4 meses** 🍷 **11€**

Me sorprende cuán diferentes pueden ser dos hermanos. Aunque tengan los mismos padres, heredan combinaciones genéticas distintas, desarrollan una jerarquía según en qué posición nacen y, en definitiva, de alguna manera innata sus temperamentos son distintos ya desde pequeños.

Daniela es juguetona, espontánea, aventurera y con una actitud traviesa. Aitana es tranquila, reposada, dulce y con un toque gracioso. Ambas son hijas de Gonzalo Celayeta y a cada una de ellas le dedica un vino afín a su personalidad. A la primera, una garnacha blanca fermentada en ánfora que recibe el nombre de Huracán Daniela(ya nos imaginamos por qué). A la segunda, un vino muy mimado y sutil al que ha nombrado La Huella de Aitana.

Ambos vinos son de Gonzalo Celayeta Wines. Pero, además, Gonzalo es un joven sabio que desde 2006 es director técnico de la cooperativa de San Martín de Unx (Navarra). Se trata de una bodega de referencia, de las mejores de España, que produce 1,5 millones de deliciosos litros de garnacha. Experiencia y conocimiento no le falta y con su proyecto propio ha podido explorar en libertad sus inquietudes.

El vino de Aitana es uno de mis favoritos desde siempre. Es un rosado de color profundo, aroma perfumado con matices de barrica y sabor delicioso. Tiene alma de gran vino y es la confirmación de que el rosado de Navarra es mucho, muchísimo más, que un vino simplón con aromas de fresa y dulzón. Son 8.000 botellas de auténtico placer, que me hacen pensar en cómo me encantaría ver más rosados navarros de este estilo. **Ferran Centelles**

92 LA VANGUARDIA **PUNTOS**

Sierra Cantabria
XF
2022

**DOCa RIOJA. XF SIERRA
CANTABRIA (Haro, La Rioja)**
🍇 **35% garnacha, 30% sauvignon
blanc, 25% viura, 5% tempranillo,
5% maturana** 🍷 **20€**

XF Sierra Cantabria es un vino ideal
para disfrutar en ocasiones especiales, ideal para verano, ya que
su edición limitada lo hace único y
exclusivo. Como la misma elabora-
dora dice, es ideal para una reunión
de buenos amigos. Muchos piensan
que elaborar vinos rosados es más
fácil y más barato. Pero siempre
que hablamos con los enólogos,
nos confirman que el rosado es su
vino más complicado. En el contacto con las pieles, cuando se decide
el color, cualquier minuto puede ser
crucial para obtener o no obtener
estos preciados colores salmón o
piel de cebolla.

Este XF lo elabora Xandra Falcó,
marquesa de Mirabel, además de
una de las reinas de copas de mi
libro dedicado a las mujeres del

vino. Firma este vino con sus inicia-
les y con la marca Sierra Cantabria,
fruto de la amistad que une a su
familia con los riojanos Marcos y
Miguel Eguren. Es un vino en homenaje a su papá recién fallecido,
Carlos Falcó, y a su marido, Jaime
Carvajal. Conociéndola, no dudo
que lo hizo con el firme propósito
de convertirlo en un rosado de
vanguardia. Este vino refleja su
filosofía, su compromiso con la
calidad y la sostenibilidad, con una
viticultura integrada y respetuosa
con el medio ambiente.

Sierra Cantabria XF es un vino
rosado de edición limitada que
combina las mejores uvas tintas y
blancas de los viñedos de la bodega. Su sabor fresco y equilibrado,
junto con su intensidad aromática,
lo convierten en una excelente
opción para aquellos que buscan
disfrutar de un vino exclusivo y de
alta calidad. **Zoltan Nagy**

90
LA VANGUARDIA
PUNTOS

Lar de Maía
8º Rosado
2022

**VINOS DE LA TIERRA DE
CASTILLA Y LEÓN.** **LAR DE
MAÍA (Cubillas de Santa Marta,
Valladolid)** 🍇 **Tempranillo** 🍷 **14€**

María Burgoa es la responsable de
este proyecto en el que pone todo
su cariño. Lo que nos cuenta María
es que por encima de todo se trata
de una estructura totalmente familiar para elaborar vinos de calidad
basándose en la tradición, pero
aprovechando todas las ventajas de
la modernidad y la tecnología.

Sus viñas disfrutan de una edad
de entre 50 y 100 años, que le
aportan calidad a la uva y esfuerzo a ella en el campo a la hora de
trabajarlas. En sus vinos trata de
expresar la tipicidad del suelo, el
clima y las variedades por encima
de lo que sería el factor humano.
De hecho, uno de sus objetivos será
lograr la categoría de vino de pago.
Seguro que llegará.

La elaboración de este vino rosado tan gastronómico surge en el

año 2015, un mes de agosto y pa-
seando por la viña, una viña que se
trata de la manera más sostenible y
natural. Asimismo, en la bodega y
en la elaboración del vino se busca
la mínima intervención. La crianza
se reduce a un breve contacto del
vino con sus lías en depósitos de
acero inoxidable, lo que le hará
ser un vino más primario en su
conjunto.

De color rosa asalmonado y con
reflejos incluso azulados. Tiene
aromas a fresas, frambuesas,
caramelillo rojo, flores de campo,
herbales y toques mentolados. Su
boca es refrescante, sabrosa, con
una acidez vibrante y una fruta
crujiente en el paso. Nuevamente
repican los aromas que encontrá-
bamos en nariz y su final es largo y
floral. **María José Huertas**

por sus delicadas burbujas

El sector de los vinos espumosos es cada vez más amplio y diversificado, este año nuestra selección es realmente buena y con varios premios.

Premio Mejor Vino Espumoso, sin duda, para Enoteca Turó d'en Mota 1999 de Recaredo (Corpinnat). Desafía todos los límites conocidos en espumosos, 23 años de crianza. Como dijo *Pitu* Roca, "*un momento único en la historia del vino español*".

Premio Identidad Vitivinícola para el Brut Terra de Asorei, pura identidad, 100% albariño del valle do Salnés. Mejor Espumoso de Galicia 2023. Se suma a sus muchísimas formas de elaborar albariños y a su esfuerzo de recuperación de la variedad autóctona espadeiro.

Premio Mejor Relación Calidad-Precio para el Tres Naus Brut Rosat Trepat, monovarietal 100% trepat de Cellers Domenys. Medalla de Oro en la categoría de Espumoso Rosado Joven en los premios Vinari 2023 y Medalla de Plata en los premios Barcelona Rosé 2023, por apenas 9€.

100 LA VANGUARDIA PUNTOS

Enoteca Turó d'en Mota 1999

CORPINNAT. RECAREDO (Sant Sadurní d'Anoia, Barcelona)
🍇 **100% xarel·lo** 🖊 **23 años**
💶 **575€**

PREMIO
MEJOR VINO ESPUMOSO
LA VANGUARDIA
2024

La cata más impresionante de este año la ofreció Recaredo para celebrar 25 vendimias de su icónico Turó d'en Mota. Más a lo grande, imposible, la cata vertical de sus 25 añadas en El Celler de Can Roca, maridadas con 25 platos con tres estrellas Michelin.

Primero catamos 14 añadas inéditas (2023-2010). Aún no han salido al mercado, ya que salen con 13 años de crianza. Catarlas *sin acabar* es un privilegio, se ve la complejidad que les aporta la larga crianza. Añada 2023, por ejemplo, es el vino base, en barrica, permite ver el cuerpo y potencial de crianza. La 2020 permite ver la incorporación del roble húngaro. La 2017 inicia el uso de levaduras autóctonas. La 2016, para mí, perfeccionista y prometedora, como la 2010, que

saldrá a inicios de 2024.

Desde 2009, ya son añadas que están en el mercado (2009-1999). Yo destacaría 2006. Pero el gran salto lo sentí en la 2002, pletórica de evolución y madurez. Para acabar, Turó d'en Mota 1999, con 23 años de crianza, impresionante, más fresco que otras añadas anteriores. Símbolo del origen, del concepto, un xarel·lo de viña única, de 1940, con crianzas nunca vistas. Y la gran noticia, les quedan 150 botellas, que presentan así, Enoteca 1999 Turó d'en Mota, desafiando los límites conocidos en espumosos: 23 años de crianza. Como dijo *Pitu* Roca, "*un momento único en la historia del vino español*".

Tristemente, días después falleció Antoni Mata Casanovas (1942-2023), presidente de Recaredo y pionero de los espumosos de terruño con largas crianzas. Lástima que no podrá acompañarnos en el centenario de Recaredo (1924-2024). **Lluís Tolosa**

97 LA VANGUARDIA **PUNTOS**

Mas del Serral 2012

CONCA DEL RIU ANOIA. VINS PEPE RAVENTÓS (Sant Sadurní d'Anoia, Barcelona)
🍇 **Xarel·lo, bastardo negro**
🥄 **100 meses** 🪙 **160€**

Mas del Serral ha vuelto a ser protagonista en una de las revistas especializadas más prestigiosas del mundo. El británico Andrew Jefford le ha dedicado tres páginas enteras en la revista *The World of Fine Wine*, explicando su historia y la cata vertical de cinco de sus añadas.

El artículo es especialmente relevante, porque casi siempre que se escribe sobre vinos espumosos en esta revista es para referirse a los mejores productores de la Champagne. Andrew Jefford considera que Mas del Serral es *"la coronación de Pepe Raventós, uno de los enólogos menos convencionales y con más visión de futuro de Catalunya"*.

Todo lo que hace único al Mas de Serral es una parcela, una añada y un tiempo. Es un espumoso de parcela única, Clos del Serral, plantada en 1954. Son 1,92 hectáreas de xarel·lo y bastardo negro en coplantación, trabajadas siguiendo las pautas de la agricultura biodinámica y el cultivo libre de maquinaria, manualmente y con caballo hispano bretón.

Esta cosecha 2012 pasó por selección manual, grano a grano, en el garaje de Mas del Serral. Fermentó en depósitos de acero inoxidable y cemento, con levaduras indígenas del viñedo. Su tiempo fue exacto y preciso, 100 meses de crianza en botella con sus propias lías.

Expresa la austeridad de las viñas viejas de xarel·lo, con la salinidad y mineralidad de los suelos calcáreos con abundancia de fósiles marinos. El propio Pepe Raventós asegura que *"tras 10 años de crianza, todavía podría envejecer 25 años más"*. Nivelazo en los tres proyectos de la familia Raventós: Raventós i Blanc, Can Sumoi y Vins Pepe Raventós. **Lluís Tolosa**

94
LA VANGUARDIA
PUNTOS

Llopart Leopardi 2017

CORPINNAT. LLOPART (Subirats, Barcelona) 🍇 **45% xarel·lo, 40% macabeu, 15% parellada** 🍾 **60 meses** 💰 **25€**

Llopart ha celebrado el 40° aniversario de su Leopardi, nacido hace cuatro décadas en homenaje a Bernardus Leopardi, quien en el siglo XIV heredó la actual finca Can Llopart de Subirats, con viñas documentadas en un pergamino en latín datado en el año 1385. En la misma masía familiar, en 1887, empezaron a elaborar sus primeras botellas de vinos espumosos.

Pere Llopart Vilarós, y Jacinta, concibieron este espumoso en 1983, en aquel momento con 6 años de crianza, correspondiente a su cosecha 1976. Cuarenta años después de salir al mercado lo han querido celebrar con una edición especial en formato Magnum (1,5 litros) del Llopart Leopardi Magnum Brut Nature 2013, en edición limitada de solo 334 botellas.

La celebración también ha incluido la inauguración del nuevo espacio Enoteca Familiar Llopart, donde conservan unas 300 botellas de cada añada, de esta marca y otras de sus marcas históricas más emblemáticas, como Llegat Familiar y Llopart Original 1887.

El Leopardi es un Corpinnat Brut Nature procedente del viñedo del Pere de Can Ros y del viñedo del Isidoro. Son viñas de su magnífica finca de 500 hectáreas de viñedos y bosques, donde tienen 102 hectáreas de viñedo propio. Ensamblaje 45% xarel·lo, 40% macabeu, 15% parellada con más de 60 meses de crianza en botella. Complejo, elegante y equilibrado. Expresa fruta blanca madura envuelta en finos toques cítricos, pero destaca sobre todo por sus amplias notas especiadas, tostadas, con recuerdos a pastelería. Máxima calidad a un precio muy razonable.
Lluís Tolosa

Freixenet

ELYSSIA

SABOREA EL MOMENTO

94
LA VANGUARDIA
PUNTOS

Feixes de la Font Exsum 2019

CORPINNAT. JÚLIA BERNET (Subirats, Barcelona)
🍇 60% xarel·lo, 40% chardonnay
🥄 36 meses 🍷 18€

Se termina una jornada fatigante. Un día más, siete vendimiadores, tras más de diez horas de arduo trabajo, vuelven a sus casas. Las espaldas se resienten y las manos se encallecen un poco más. Es el trabajo de la vendimia manual, la más respetuosa y cualitativa, pero también la más sacrificada. Con todo, el día ha sido fructífero, nunca mejor dicho, porque 1.600 kg de uva llegan en cajas y en perfectas condiciones a la cooperativa. El tractorista sonríe y las descarga en la tolva de recepción para dirigirlas hacia el tanque de fermentación.

Unos instantes después llega un gran remolque con unos 15.000 kg de uva. Está un poco dañada por la vendimia mecánica, más tosca y que rompe ligeramente la piel. Es una uva menos fresca, menos jugo-

sa. El tractorista sigue las indicaciones de la bodega y descarga en la misma tolva que su compañero y las uvas van al mismo tanque de fermentación. Mismo precio. Nada tiene sentido.

Esta situación, frecuente, hizo que Xavier Bernet y Cristina García se decidieran a elaborar su propio vino espumoso en 2003. El proyecto empezó de cero, porque nadie de su familia había elaborado antes. Eran solo gente de campo.

Desde entonces, la bodega Júlia Bernet se dedica a la calidad y pertenece a la prestigiosa Corpinnat. Es una microbodega en la zona alta del Penedès que elabora un total de 30.000 botellas de máximo nivel. Todo Brut Nature. Ya han pasado 20 años y se han posicionado en lo más alto convenciendo a la sumillería y copando las mejores cartas de vinos. Para mí, son de las burbujas más delicadas y deliciosas que el corazón del Penedès ofrece.
Ferran Centelles

94
LA VANGUARDIA
PUNTOS

Parés Baltà
Històric
2018

DO CAVA. PARÉS BALTÀ (Pacs del Penedès, Barcelona)
🍇 **Xarel·lo, macabeo, parellada**
🥄 **36 meses** 🍾 **16€**

Gran novedad de Parés Baltà, una de mis bodegas favoritas, siempre apuesta segura, tanto por sus vinos como por sus cavas. Si tuviera que definirlos con un solo adjetivo: vinos saludables. Es algo que se nota muchísimo tomando sus vinos y cavas.

Històric se elabora con las tres variedades autóctonas y tradicionales del cava: xarel·lo, macabeo y parellada, utilizando el mismo cupaje que hacía el abuelo con sus viñedos preferidos de Cal Miret, que han querido recuperar en honor a la historia de la familia y de la región del cava.

Representa muchas de las más altas categorías de la DO Cava: Gran Reserva, Brut Nature, Guarda Superior y Elaborador Integral. Resultado del cultivo ecológico y biodinámico de sus propias fincas.

Vendimia manual y prensado suave, elaborando cada variedad por separado. Crianza mínima de 36 meses. Elaborado con la mínima intervención, apto para veganos.

Equilibrio perfecto entre frescura y complejidad. Burbuja fina, muy bien integrada, untuoso, recuerda fruta blanca madura, fruta confitada, crianza sobre lías, frutos secos, especias dulces y notas a pastelería, de paso ágil y alegre por boca, con final fresco y seco, balsámico, a hierbas mediterráneas. Realmente excelente en relación calidad-precio.

Una muestra más de la inagotable creatividad de sus dos enólogas, además cuñadas, Marta Casas y Maria Elena Jiménez. Històric no es una novedad más en su amplia gama de vinos y cavas, es un cava perfectamente definido y equilibrado, muy bien elaborado, que en poco tiempo, estoy seguro, será un gran clásico de Parés Baltà.
Lluís Tolosa

94
LA VANGUARDIA
PUNTOS

Rosé de Mar Vardon Kennett Reserva 2019

Sin DO. MASIA VARDON KENNET (Mediona, Barcelona)
🍇 **100% pinot noir** 🥄 **39 meses**
🪙 **39€**

Los rosados pálidos están de moda, pero enológicamente no son nada fáciles de conseguir. Que se lo pregunten a su enóloga, Anna Velázquez, que con 25 años de experiencia hace vinos donde el protagonismo es el frescor y la delicadeza.

Vardon Kennett es la bodega de burbujas sutiles de Familia Torres, capitaneada por la quinta generación: Miguel y Mireia Torres. La masía fue habitada a inicios del siglo XIX por un comerciante marítimo, Daniel Vardon Kennett, que cambió el rumbo de su vida por amor a su mujer, quedándose a elaborar vinos en Mediona. Es la romántica historia que hay tras esta botella, con las ondulaciones del vidrio y la forma de la etiqueta recordando las olas del mar.

Pinot noir de viñas propias de altura, con 39 meses sobre lías en la propia botella. Delicado en nariz, notas frutales a cereza, matices florales a pétalos de rosa blanca y ligero fondo herbáceo. Le pasa lo mismo a su hermano mayor, Cuvée Esplendor, que tienen el estilo de los grandes champagnes, con frescor sin renunciar a la complejidad que les aporta la crianza.

En la ermita de Santa Margarida d'Agulladolç, restaurada en 1988 por Familia Torres, se encuentra la lápida mortuoria que susurra: *"D. Daniel Vardon Kennett, súbdito británico, comerciante y hacendado, natural de la isla de Guernsey, falleció el 12 de enero de 1835, a los 54 años de edad. Llorando su lamentable pérdida, puso a sus restos este mármol la ternura conyugal de Doña María Francisca de Ferrer, natural de Barcelona"*. Porque el nombre de este espumoso es masculino, pero el valor es femenino.
Meritxell Falgueras

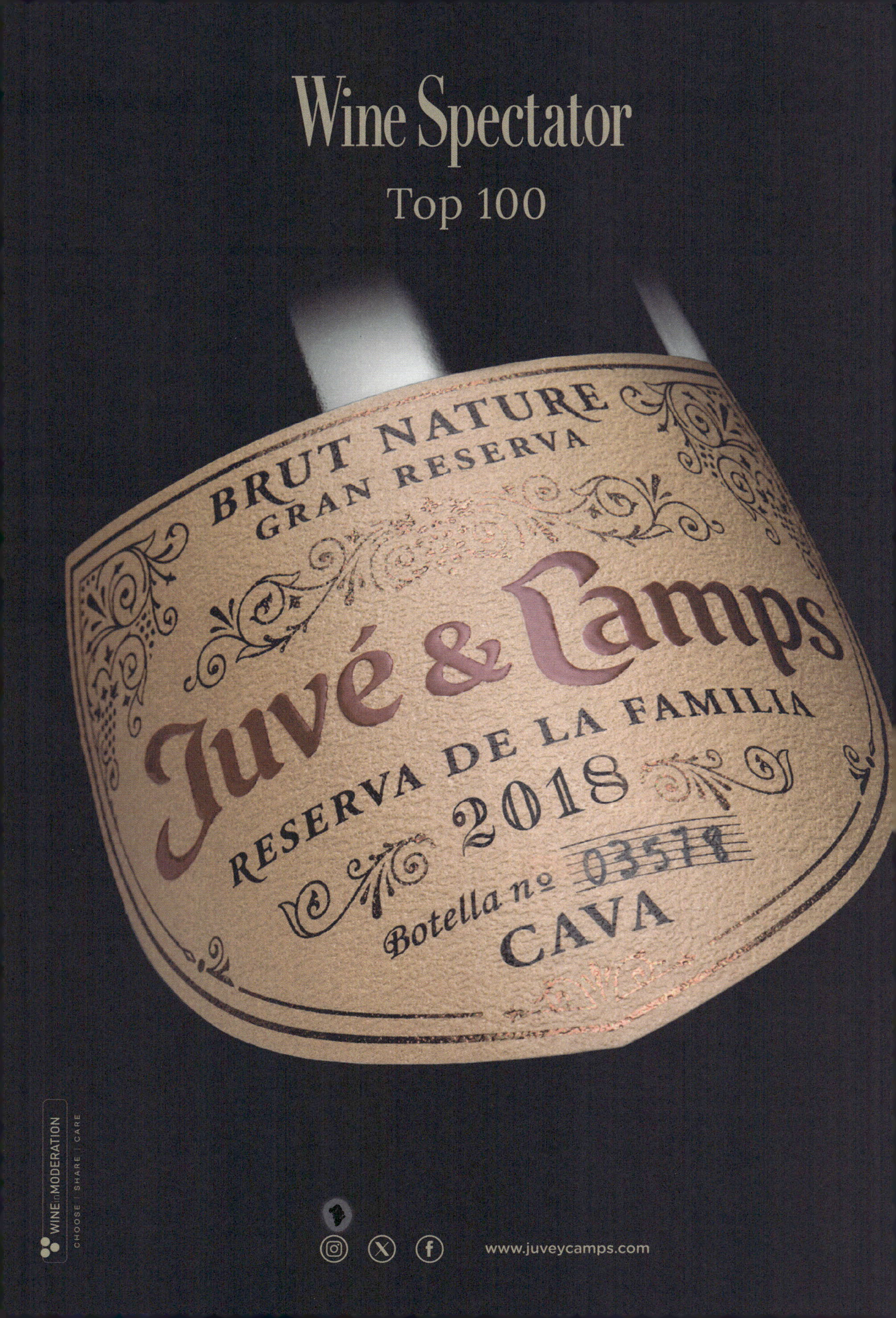
Wine Spectator
Top 100
BRUT NATURE
GRAN RESERVA
Juvé & Camps
RESERVA DE LA FAMILIA
2018
Botella nº 03578
CAVA
WINE in MODERATION
CHOOSE | SHARE | CARE
www.juveycamps.com

93
LA VANGUARDIA
PUNTOS

Juvé & Camps
Reserva de la Familia
2018

DO CAVA. JUVÉ & CAMPS (Sant Sadurní d'Anoia, Barcelona)
🍇 Xarel·lo, macabeo, parellada
🥂 36 meses 💰 20€

Este año es muy especial para el Reserva de la Familia de Juvé & Camps. Siempre ha sido su cava más emocional, ya que inicialmente lo crearon para el consumo exclusivo de la familia Juvé. En los años setenta decidieron ponerlo a la venta y durante cinco décadas se ha ido consolidando como un gran clásico del sector del cava, el cava de referencia de varias generaciones y la apuesta segura en cualquier reunión social, familiar o de negocios.

Muchos cavas sueñan con alcanzar algún día la fidelidad de marca que ha logrado el Reserva de la Familia. Siempre ha sido símbolo de prestigio y elegancia, tanto para las familias, como para las tiendas

especializadas y los mejores restaurantes.

Este año celebra sus 50 vendimias, con un *packaging* especial y el orgullo de ser el cava Gran Reserva Brut Nature más vendido del mundo, tiene mucho mérito con este nivel de calidad.

Además, la celebración del aniversario ha llegado con un gran regalo. El Reserva de la Familia 2018 ha entrado en el Top 100 de la prestigiosa revista norteamericana *Wine Spectator*, tras la cata a ciegas de 9.200 vinos de todo el mundo. Se ha situado entre los 50 mejores vinos del mundo, en la posición 43, el mejor posicionado de los seis vinos españoles incluidos en la lista y el único espumoso español. Admirable, asequible e imprescindible este año. **Lluís Tolosa**

93
LA VANGUARDIA
PUNTOS

Ars Collecta Gran Rosé Reserva 2020

DO CAVA. CODORNÍU (Sant Sadurní d'Anoia, Barcelona)
🍇 **85% pinot noir, 15% xarel·lo y trepat** 🥄 **18 meses** 🍾 **20€**

Ars Collecta es la serie más exclusiva de cavas de alta gama de Codorníu. Como ellos mismos dicen, está inspirada en el *arte de la recolección* y en la *colección de arte*. Es una serie de cavas de alta gama que ya acumula más de 350 premios nacionales e internacionales.

Para mí, el más seductor e irresistible es el Ars Collecta Gran Rosé. Es un cava rosado de gran calidad y elegancia, pero sobre todo muestra la identidad diferenciada de Codorníu, porque expresa los viñedos, los climas y las variedades cultivadas en sus diferentes propiedades.

Se elabora básicamente con pinot noir, con la que Codorníu tiene una larga experiencia en sus grandes fincas de Raimat, en la comarca leridana del Segrià, donde el clima mediterráneo interior muestra su influencia más continental. Esta variedad le aporta elegancia, frutos rojos, frescor, baja graduación y potencial de envejecimiento.

Se complementa con la trepat, también frutal y de baja graduación, cultivada en la Conca de Barberà, también de clima mediterráneo interior de influencia continental, donde tienen su bodega Abadía de Poblet, en el monasterio de Poblet. Y se afina con xarel·lo de la plana central del Penedès, donde Codorníu tiene su sede histórica, en Sant Sadurní d'Anoia, de clima típicamente mediterráneo, que aporta las virtudes de esta variedad blanca, frescor, acidez y capacidad de envejecimiento.

Gran Rosé en toda su expresión. Perfeccionista, elegante y glamuroso. Perfume de moras y frambuesas, sutil frescor cítrico, finas notas cremosas y ligeros matices a crianza. Para cenas muy especiales.
Lluís Tolosa

93
LA VANGUARDIA
PUNTOS

Salvatge Brut Nature 2015

CORPINNAT. NADAL (Torrelavit, Barcelona) 55% macabeo, 38% parellada, 7% xarel·lo 48 meses 24€

Cada año asistimos a alguno de los eventos del Festival Gastronómico Corpinnat. En esta tercera edición fuimos a una de las cenas organizadas en la Finca Nadal de la Boadella, en este caso con la propuesta gastronómica del restaurante Can Valls (Sant Martí Sapresa, Girona).

Xavi Nadal y Silvia Velencoso son excelentes anfitriones y saben crear una atmósfera mágica en las cenas que organizan en el jardín de la masía familiar. Can Nadal de la Boadella es una finca histórica que ya consta registrada a nombre de la familia Nadal en un pergamino notarial del año 1510. Nunca han dejado de cultivar viñas y elaborar vinos, incluso durante la Guerra Civil española (1936-1939), cuando parte de la finca les fue expropiada para utilizarla como campo de aviación.

En la década de 1940, Ramon Nadal replantó las viñas sobre aquel aeródromo abandonado, construyó las cavas subterráneas y elaboró su primer cava Brut, por eso sitúan sus orígenes en 1943. Hoy tienen más de 100 hectáreas distribuidas en más de 40 viñas, sobre todo de variedades autóctonas blancas, con las que elaboran blancos de xarel·lo, vinos dulces de botritis y una amplia gama de espumosos.

Solo las cosechas más excepcionales y *salvajes* de macabeo se ganan el derecho a convertirse en el Salvatge Brut Nature. Diferente, por su columna vertebral de macabeo, tan poco habitual. Suave y fresco, a pesar de su larga crianza en botella. Destaca por su burbuja fina y bien integrada. Fruta blanca madura, frescor cítrico y notas finales a crianza, con tenues recuerdos a bollería. Ideal con jamón ibérico, versátil y gastronómico. **Lluís Tolosa**

93
LA VANGUARDIA
PUNTOS

Perles Roses Cuvée Antonia 2021

DO CAVA. NAVERAN (Torrelavit, Barcelona) 🍇 **100% pinot noir**
🗝 **24 meses** ⌾ **22€**

Can Parellada es una de las propiedades más extensas y bonitas de Penedès, con 110 hectáreas de viñedos, olivos y cipreses que recuerdan el paisaje ondulado de la Toscana.

El origen de la finca se remonta al siglo XI, como testifica su capilla románica. En el siglo XIX, Pablo Parellada se casó con la hija del marqués de Naveran y adquirió la propiedad. Tras la filoxera replantó la finca con la variedad montonec o montonega, hoy más conocida como parellada, dicen que en memoria de su apellido, aunque los filólogos relacionan el origen etimológico con *parella*, por el aparejamiento simétrico de los racimos en esta variedad.

La finca la heredó su hijo Pablo Parellada de Naveran, y luego pasó a su hija Antonia (de ahí Cuvée Antonia), casada con el suizo René Gillieron. En 1975 reactivaron la producción de vinos y en 1984 fundaron Cavas Naveran con su hijo Michel Gillieron Parellada de Naveran, enólogo por la École d'Algéniurs de Changins (Suiza), que ha asentado el proyecto vitivinícola familiar.

Exportan en gran parte a Europa, Japón y Estados Unidos, donde se han ganado una buena reputación. El propio Rober Parker situó el Perles Roses como el mejor cava rosado de España en 2010. Ahora acaban de recibir unos merecidos 93 puntos de *Wine Enthusiast*.

Cava rosado 100% pinot noir, inspirado en sus viajes a la región de Champagne. Pioneros en el cultivo de esta variedad en el Penedès, desde 1999. Color salmón pálido con finas *perlas rosas* muy bien integradas. Suave, ligero y elegante. Frutos rojos, sandía, notas cítricas anaranjadas y final seco con matices a crianza. Para cualquier ocasión. **Lluís Tolosa**

93
LA VANGUARDIA
PUNTOS

Brut
Terra de Asorei

PREMIO
**IDENTIDAD
VITIVINÍCOLA**
LA VANGUARDIA
2024

DO RÍAS BAIXAS. ADEGAS TERRA DE ASOREI (San Martiño de Meis, **Pontevedra**) 🍇 **100% albariño** 🥄 **18 meses** 🍷 **22€**

Hay muchos motivos por los que Terra de Asorei merece el Premio Identidad Vitivinícola 2024. Primero, por su propia razón de ser. La tradición vitivinícola en el Val do Salnés siempre la han mantenido los viticultores y las pequeñas bodegas familiares. Pero llegó un momento en que se impusieron las grandes compañías, y los pequeños bodegueros tuvieron que reinventarse.

Terra de Asorei es la unión de seis familias de viticultores con bodegas familiares. Se unieron en 2008 por iniciativa del periodista Xosé Ramón Durán, *Roque* para los amigos. Exportan juntos desde 2011 y acabaron creando su propia bodega conjunta en 2015, sumando 60 hectáreas de albariño, que elaboran de todas las formas posibles. Hacen una docena de albariños

con las marcas Terra de Asorei, Nai y Pazo Torrado. La excepción es su Terra de Asorei Espadeiro, una variedad tinta dominante en el siglo XVIII en el Val do Salnés, cuando había más espadeiro que albariño. Aún hay algunas cepas de 50 años en Cambados y Padrenda-Meaño. Como dijo el poeta Ramón Cabanillas (1876-1959), espadeiro es el vino del país, "*a sangue do corazón da nosa terra..., el viño celta e propio da alma galega*".

Y aún hay más. Su Brut Terra de Asorei es la máxima expresión de un espumoso 100% albariño de Rías Baixas. Burbuja fina y abundante, fruta blanca, hierbas aromáticas, bollería y bizcocho. Medalla de Oro año tras año en la *Guía de Vinos de Galicia* de Luís Paadín. Y orgulloso Acio de Ouro al Mejor Espumoso de Galicia 2023. Sus seis "A" simbolizan seis familias y seis fortalezas: Adega, Albariño, Auténtico, Atlántico, Arte y Amor.
Lluís Tolosa

92 LA VANGUARDIA PUNTOS

Can Sala
2013

DO CAVA. CAN SALA (Sant Quintí de Mediona, Barcelona)
🍇 50% xarel·lo, 50% parellada
🗝 10 años 🍷 40€

Can Sala es una bodega que representa los orígenes de la familia Ferrer desde el año 1851 y con gran bagaje en su tierra, especialmente en la elaboración de vinos espumosos, ofreciéndonos este Can Sala bendecido por la paciencia. Esta paciencia es la clave de la complejidad del mismo y de la fina y cremosa burbuja que ofrecen estos cavas, con categoría de Cava de Paraje Calificado. De hecho, solo elaboran cavas de paraje. Su cupaje es parellada y xarel·lo, la primera uva le da más finura y sutileza y la segunda colabora en hacer posible esa larga crianza de mínimo 10 años con tapón de corcho natural.

El proceso que se lleva a cabo en la bodega y clave del éxito no ha cambiado en los últimos 100 años, aunque si ha evolucionado el conocimiento de esta familia en su proyecto. Su color es ligeramente dorado debido a este largo reposo o envejecimiento. Su burbujeo es fino, pequeño, delicado y cruje a la vista. Sus aromas son los principales responsables de delatar su edad. Armoniosa nariz donde confluyen la fruta blanca madura, tipo manzana y pera, con aromas a panadería, confitería, ahumados, brioche, especias dulces y frutos secos.

La boca es muy cremosa y fresca en su recorrido. Vuelve a mostrar la fruta blanca en el paso de boca y las notas de crianza son las responsables de bendecir su final. Largo y complejo. Es un cava muy gastronómico que hará las delicias del paladar más exigente en vinos espumosos. No recomendaría disfrutarlo demasiado frío.
María José Huertas

92
LA VANGUARDIA
PUNTOS

Freixenet Cuvée D.S. 2019

DO CAVA. FREIXENET (Sant Sadurní d'Anoia, Barcelona)
🍇 **60% xarel·lo, 30% macabeo, 10% parellada** 🥄 **30 meses**
🍾 **18€**

Cuvée D.S. es uno de los cavas más emblemáticos de Freixenet. Creado en 1969 en honor a Doña Dolores Sala, presidenta de la empresa desde su fundación hasta su fallecimiento (1914-1978).

Dolors Sala Vivé nació en 1889, en los duros años de la filoxera. Pronto se quedó hija única, porque sus tres hermanos varones murieron prematuramente. A finales del siglo XIX, nadie pensaba que una mujer pudiera dirigir una empresa tan compleja.

Formada en enología y estudios mercantiles, inició noviazgo con Pere Ferrer Bosch, el pequeño de la finca La Freixeneda, por eso le llamaban el *Freixenet*. Se casaron en 1911 y formaron un gran equipo. Dolors fue una enóloga avanzada a

su época, experta en ensamblajes y pionera en crear un Brut Reserva en 1930. Juntos pusieron de moda las burbujas entre la burguesía catalana.

Pero los anarquistas mataron a su esposo y poco después desapareció su hijo primogénito. Durante la Guerra Civil (1936-1939) y la postguerra, Dolors tuvo que asumir la dirección, con el apoyo de su hija Pilar Ferrer Sala, hasta que su hijo menor, José Ferrer Sala, se incorporó al negocio.

El Cuvée D.S. solo se elabora en añadas idóneas. Esta añada 2019 es la 27ª añada seleccionada desde 1969. Gran Reserva Brut, embajador del concepto Vintage. Tras 30 meses de crianza muestra burbuja fina y abundante, fruta blanca, notas alimonadas y final a pan tostado y brioche.

También en su memoria, las cavas Freixenet en México se llaman Finca Doña Dolores, Cavas Sala Vivé, donde os recomiendo la Ruta del Vino y el Queso de Querétaro.
Lluís Tolosa

92
LA VANGUARDIA
PUNTOS

Aus
Pét-Nat
2022

Sin DO. CELLER DE LES AUS
(Alella, Barcelona)
🍇 **100% pansa blanca** 🥂 **13€**

¿Sabías que Pét-Nat es un término francés que se refiere a *Pétillant Naturel*, los vinos espumosos elaborados por el Método Ancestral? Los espumosos ancestrales no son simplemente una moda, sino que han llegado para quedarse. Ya son una realidad, se elaboran bastantes en Catalunya y son de grandísima calidad.

A diferencia del método tradicional de elaboración de vinos espumosos, como el cava o el champagne, el Pét-Nat utiliza el Método Ancestral, que implica embotellar el vino antes de que la fermentación se pare por completo. Esto permite que el carbónico producido durante la fermentación quede atrapado en la botella, creando una burbuja fina y natural.

La familia Pujol-Busquets (Alta Alella) ha creado el Celler de les

Aus para la elaboración de sus vinos naturales, en este caso una sabrosa pansa blanca, crujiente y sorprendente. El vino se elabora a partir de uvas ecológicas seleccionadas de viñedos propios, que se cultivan siguiendo prácticas sostenibles y respetuosas con el medio ambiente, uva muy sana.

Lo que me llama la atención del vino, es que sale al mercado tapado con el mismo tapón corona del fin de la fermentación, sin filtrar, sin degollar y sin sulfuroso añadido. Es un espumoso seco y refrescante, en boca ligeramente amargo y herbáceo, donde los sabores a almendras verdes son un puntazo. Este método de elaboración le aporta complejidad y estructura. Los vinos naturales del Celler de les Aus no pueden faltar en tu casa si quieres ampliar tu conocimiento y disfrutar de emocionantes experiencias enológicas. **Zoltan Nagy**

92
LA VANGUARDIA
PUNTOS

Tres Naus
Brut Rosat
Trepat

PREMIO
**MEJOR RELACIÓN
CALIDAD-PRECIO**
LA VANGUARDIA
2024

DO CAVA. CELLERS DOMENYS
(Rocafort de Queralt, Tarragona)
🍇 **100% trepat** 🥄 **12 meses** 🍷 **9€**

Este es el cava rosado que normalmente tomamos en casa. Siempre hay una botella en la nevera, para abrirla en cualquier momento. No puede haber una recomendación más personal. Es el cava que tomamos con mi familia en el día a día.

Premiado con Medalla de Oro en la categoría de Espumoso Rosado Joven en los premios Vinari 2023 y Medalla de Plata en los premios Barcelona Rosé 2023. Excelente calidad a muy buen precio.

Además, es un cava profundamente autóctono, 100% trepat de la Conca de Barberà. Color salmón pálido con la burbuja muy bien integrada. Suave, ligero y fresco. Muy fácil de beber. Frutillos rojos, notas florales, cítricos frescos y tenues matices a crianza, todo sencillo y bien integrado. Ideal como copa de bienvenida, con aperitivos y comidas ligeras, especialmente adecuado con arroces y genial con sushi.

También me gusta como forma de consumo responsable, me gusta elegir vinos de las cooperativas. Detrás de cada botella hay mucha historia y muchas familias de viticultores. Cellers Domenys es una cooperativa fundada en 1917 en Sant Jaume dels Domenys (Baix Penedès), que hoy agrupa siete cooperativas, 500 socios y más de 2.500 hectáreas de viñedo.

El cava Tres Naus lo elaboran en su bodega modernista de Rocafort de Queralt, con el nombre de las tres naves construidas en 1918, 1931 y 1947 por el arquitecto César Martinell. Declarada Bien Cultural de Interés Nacional y pionera de las llamadas *catedrales del vino*. La rehabilitación que estamos proyectando, en la cual tengo el placer de participar, será uno de los mayores proyectos de enoturismo de Catalunya, muy pronto lo explicaremos.
Lluís Tolosa

91 LA VANGUARDIA PUNTOS

Colet Aniversari 2019

CLÀSSIC PENEDÈS. COLET
(Sant Martí Sarroca, Barcelona)
🍇 **100% xarel·lo** 🍷 **15 meses**
🍾 **19€**

Este último año he asistido a varias reuniones con La Carretera del Vi, la asociación que agrupa una docena de bodegas con oferta enoturística a lo largo de esta carretera histórica, por donde antiguamente los vinos del interior del Penedès se transportaban hasta los centros de distribución, el ferrocarril de Vilafranca del Penedès y los embarcaderos de Sitges.

La primera reunión la tuvimos en Colet, una bodega familiar con tradición vitivinícola desde el año 1783, cuando eran aparceros y cuidaban los viñedos y el ganado de la Hacienda Romaní, en Sant Martí Sarroca, precisamente el pueblo de inicio de La Carretera del Vi.

En 1984 adquirieron las tierras que siempre habían trabajado y en 1992 empezaron a elaborar sus primeros vinos con marca propia, por eso en 2022 celebraron su 30° aniversario con elaboradores y en 2024 podrían celebrar su 40° aniversario como propietarios.

Todos sus espumosos son Clàssic Penedès, elaborados por el método tradicional, 100% DO Penedès, 100% ecológico y 100% Reserva, indicando fecha de degüelle y añada en la etiqueta.

Colet Aniversari lo crean los hermanos Sergi i Olga Colet para esta celebración. Xarel·lo de viñas viejas, 100% xarel·lo como su Màgic Extra Brut, explorando más aún sus elaboraciones monovarietales, y estrenando, además, una imagen más moderna. "*Es una copia de lo que somos nosotros*", dice el propio enólogo, Sergi Colet. "*Austeridad y rusticidad, un brut nature seco, con equilibrio entre la densidad del vino y la acidez*". También se nota la crianza parcial en huevo de hormigón, que le aporta cremosidad y profundidad. **Lluís Tolosa**

90
LA VANGUARDIA
PUNTOS

Montesquius Naturelovers Rosé 2018

DO CAVA. MONTESQUIUS (Sant Sadurní d'Anoia, Barcelona)
🍇 **Monastrell, garnacha negra**
🗝 **15 meses** 🍾 **13€**

Este Brut Nature Rosé es uno de los tres vinos y cuatro cavas que forman la colección Naturelovers de Montesquius, muy diferenciada del resto de sus productos por esta imagen tan singular, fresca y desenfadada, inspirada en la naturaleza.

La principal característica de este cava es la frescura. Es un cava muy primaveral, suave y fácil de beber, con la burbuja pequeña, abundante y juguetona. Predominan las notas a frutos rojos, con recuerdos a fresitas y frambuesas, solo al final aparecen los tenues matices a crianza, todo muy bien puesto y equilibrado. Es una magnífica copa de bienvenida y marida bien con aperitivos, ahumados, pastas, pescados y comida japonesa.

Se rasgo diferencial es el ensamblaje de monastrell y garnacha

negra, que le aporta doble carga frutal y lo hace doblemente mediterráneo. Tras su crianza mínima de 15 meses en botella, adquiere la categoría de Reserva, aunque por su frescor no lo parece, da la sensación de ser más joven, hasta que se percibe la buena integración de la burbuja y los suaves matices a crianza, muy al final. Brut Nature, sin azúcares añadidos, goloso por naturaleza, por las variedades monastrell y garnacha, pero no es afrutado, el final seco, con suaves matices a frutos secos, con recuerdos a avellanas.

Montesquius es una de las cavas centenarias del centro de Sant Sadurní d'Anoia, con unas cavas subterráneas históricas, excavadas en 1918, que posteriormente fueron ampliadas en 1944 y 1992. Actualmente con una amplia oferta de enoturismo, ideal para acercarse y probarlo en las mismas cavas.
Lluís Tolosa

por su método de elaboración

Hay vinos que se diferencian por su **método de elaboración**. Tienen elaboraciones diferentes, algunas tradicionales, recuperadas, otras realmente innovadoras.

Esta selección de vinos **recorre el país** de norte a sur, de Seadur (Ourense) a Sanlúcar de Barrameda (Cádiz), y de este a oeste, de Alfarràs (Lleida) hasta Sanzoles (Zamora), incluso más allá, hasta Oporto (Portugal).

Normalmente se necesita 1,4 kg de uva para elaborar una botella de vino (75 cl.). Imagina cuál debe ser el método de elaboración de un vino tan especial que para elaborar una botella pequeña (50 cl.) son necesarios **5,5 kg de uva**. Este tipo de vinos y otros son los que hemos seleccionado.

98 LA VANGUARDIA PUNTOS

Tostado de Seadur Godello 2021

DO VALDEORRAS. O LUAR DO SIL
(Seadur, Ourense)
🍇 **100% godello** 🛢 **12 meses**
💰 **115€**

Para elaborar una botella de vino se necesitan aproximadamente 1,4 kg de uva. Por eso las cifras de este vino son abrumadoras. Para una botella de 0,50 l. (más pequeña que la clásica de 0,75 l.) son necesarios 5,5 kg de uva. ¿El motivo? Porque se utilizan uvas pasificadas que han permanecido colgadas en una habitación seca, ventilada y protegida de las inclemencias del tiempo hasta el mes de enero. El rendimiento baja de manera drástica, pero los aromas, azúcares y acidez se concentran hasta obtener un mosto con la consistencia de un sirope.

Las uvas, rugosas, doradas y cobrizas, se prensan en lo posible, apenas obteniendo unas gotas irrisorias. Se fermenta pausadamente, pero las esforzadas levaduras no pueden terminar la fermentación. El resultado es un vino dulce de 13°, sin fortificar, afinado 12 meses en barricas.

Con este método se obtenían los tostados de Valdeorras, una práctica histórica y olvidada. Por suerte, la inquietud incesante del que fuese uno de los productores más queridos y revolucionarios, Paco Rodero (te echo mucho de menos y tu recuerdo dibuja siempre una cariñosa sonrisa en mi cara) y la sensibilidad de su hija, hoy al frente de Pago de Capellanes (Ribera del Duero) y Luar do Sil (Valdeorras), permitieron, preguntando en todos los bares y viñedos del pueblo de Seadur, recuperar este *"vino de capricho"*, como le llama Estefanía Rodero.

Solo 463 botellas del primer tostado recuperado de Valdeorras. Un vino sobrecogedor y emocionante: ámbar, yodado, recuerdos a naranja confitada y con la sabiduría de los vinos de antaño. **Ferran Centelles**

96
LA VANGUARDIA
PUNTOS

Agostado Cortado 2019

VINOS DE LA TIERRA DE CÁDIZ.
BODEGAS COTA 45 (Sanlúcar de Barrameda, Cádiz)
Palomino fino, perruano, uva rey ▭ 36 meses ◎ 50€

Cota 45 es el proyecto de Ramiro Ibáñez, prestigioso enólogo sanluqueño, asesor en distintas bodegas en el Marco de Jerez, un genio en la zona. En este proyecto busca elaborar vinos tradicionales, pero actualizados y modernos, con crianzas más cortas, sin encabezar y poniendo en valor los suelos de albarizas.

Para Ramiro Ibáñez es fundamental entender y valorar la historia y el patrimonio cultural del Marco de Jerez. Se ha dedicado a investigar y recuperar variedades autóctonas en peligro de extinción, así como técnicas de vinificación tradicionales que se estaban perdiendo. El día que visitamos las viñas y vimos su pasión, nos contagió su entusiasmo. Allí entendí que no solo

elabora vinos de alta calidad, sino que recupera la memoria vitivinícola del Marco de Jerez. Oírle hablar de sus fincas y sus vinos, solo así uno entiende su locura.

Nos decía que ha trabajado en varias bodegas y viñedos del Marco de Jerez. Pero también ha trabajado en Burdeos y en Australia antes de volver a su tierra. Sus vinos los divide en tres bloques. En mi carta de vinos nunca falta el primer bloque, el biológico, sus vinos UBE. Hace unos años me enamoré del segundo bloque, el oxidativo, el vino Agostado. ¿Sabías que un *cortado* pasaba a alimentar el sistema de criaderas de los olorosos? Su vino cortado busca que la expresión de la uva quede marcada por el suelo, el clima y la añada. La crianza solo acompaña lo justo para complementar y potenciar el carácter del *terroir*. Son vinos imposibles de replicar. Solo 1.700 unidades, de gran elegancia oxidativa. **Zoltan Nagy**

94
LA VANGUARDIA
PUNTOS

Ónra Solera Vendimia Tardía

SERRA LLARGA, NOGUERA RIBAGORÇANA. LAGRAVERA
(Alfarràs, Lleida)
🍇 **100% garnacha blanca**
🛢 **Criadera y solera** 💰 **19€**

Ónra es un vino blanco dulce de solera, elaborado con garnacha blanca de vendimia tardía. Quizás hasta ahora pasaba algo desapercibido, por su categoría de vino dulce, no siempre apreciada en el mercado, o porque quedaba algo a la sombra ante la magnífica gama de vinos blancos, claretes y tintos que la enóloga Pilar Salillas ha estado desarrollando estos últimos años, haciendo de Lagravera la bodega más auténtica, moderna e innovadora de Lleida.

Pero este año el Ónra se ha posicionado donde le corresponde, sobre todo al proclamarse Mejor Vino Dulce 2024 en *La Guia de Vins de Catalunya* de nuestros buenos amigos Sílvia Naranjo y Jordi Alcover.

El Ónra es un vino dulce, un vino de parcela y un vino de finísima elaboración. Monovarietal 100% garnacha blanca de la Viña Núria, plantada en 2006, de cultivo biodinámico, sobre unos suelos característicos de cantos rodados provenientes del río Noguera Ribagorçana, con alto porcentaje de arena y yesos intercalados.

La garnacha blanca sobremadura en las propias cepas, entra pasificada en bodega y fermenta parcialmente, dejando parte del azúcar natural de la uva. Luego madura por el sistema dinámico de criadera y solera, haciendo sucesivas extracciones. Este Ónra corresponde a la saca 23, son solo 890 botellas. Suave y delicado. Perfecto equilibrio entre dulzor, acidez y frescura, seduce sin empalagar. Notas a pasas, membrillo, miel y orejones, matices florales, a avellanas, y al final notas oxidativas, con recuerdos a corteza de naranja confitada. Fácil de beber, ligero y goloso. **Lluís Tolosa**

94
LA VANGUARDIA
PUNTOS

Sandeman Porto Tawny 10 Years Old

DOC PORTO. SANDEMAN (Oporto, Portugal) 🍇 **Tinta Amarela, Tinta Barroca, Tinta Roriz, Tinto Cão, Touriga Franca, Touriga Nacional** 🛢 **10 años** 🐌 **24€**

La Porto Wine Week organizada en Oporto (Portugal) me ha parecido una de las acciones de comunicación más potentes de los últimos años en el sector del enoturismo.

Durante una semana entera, disfrutamos simultáneamente de Essência do Vinho Porto, para dar a conocer sus vinos; del Forum Wine Tourism, con importantes ponentes internacionales; del Professional Trade Show, para conectar bodegas portuguesas con agencias de viajes de todo el mundo; y de cuatro días de visitas por las rutas del vino de Portugal.

El vino de Porto no debe su nombre a su región de origen, el Douro, sino a la ciudad portuaria desde donde se comercializa y embarca desde el siglo XVII, sobre todo hacia Inglaterra. En el barrio de Vilanova de Gaia visitamos varias bodegas históricas y WOW (World of Wine), un conjunto de edificios históricos reconvertidos en museos, restaurantes y bares de vinos. Hay siete museos, cuatro relacionados con el vino: Wine Experience, más clásico; Pink Experience, más informal, dedicado a los vinos rosados; Planet Cork, para explicar el corcho portugués; y The Bridge Collection sobre las copas de vino.

Sandeman (1790) fue una de las mejores visitas. Me gustó el Sandeman Porto Tawny 10 Years Old. Elaboración tradicional de Porto, interrumpiendo la fermentación con adición de alcohol, fortificando para conservar azúcares naturales. Crianza en barriles de roble, seleccionando al final vinos con 9-12 años de crianza. Denso y goloso. Higos, pasas, mermeladas, frutos secos, tostados y vainillas, todo muy bien integrado. Mirad vuelos, se disfruta mejor en Oporto. **Lluís Tolosa**

93 LA VANGUARDIA PUNTOS

L'Amphore 2018

DO TORO. FINCA VOLVORETA
(Sanzoles, Zamora)
🍇 Tinta de Toro 🛢 🍷 18 meses
🍷 29€

En este proyecto sus cepas centenarias proceden de viñedos de Valdefinjas, en la provincia de Zamora. Su particular proceso de elaboración ya se atisba en la propia botella, que está cubierta en la base por arcilla.

Finca Volvoreta es una empresa familiar que desde los años noventa apostó por la viticultura sostenible, siendo la primera bodega ecológica de la región. La enóloga María Alfonso es quien regenta este templo de elaborar vino, ya que se trata de una bodega de 400 años excavada en la roca. Ella es la responsable de custodiar viejas ánforas de barro ocultas bajo tierra donde fermenta de manera espontánea el vino y lo deja en ellas durante 12 meses. Una vez pasado este periodo, se complementa la crianza con 6 meses

más en barricas de roble francés que también se ubican en la cueva.

De color granate intenso y bien cubierto. Apenas presenta variación en el ribete y la viscosidad es media. En nariz es muy fragante, con dominio absoluto de fruta. Fruta roja y negra madura, como fresas, ciruela, cereza y moras. El vino además ofrece notas terrosas, café, regaliz, hierbas aromáticas, especias dulces y toques minerales.

En la boca es absolutamente jugoso, se muerde la fruta en su punto a su paso. Siendo un vino fresco no destaca su acidez y la tanicidad es muy pulida, brindándole un buen equilibrio en su recorrido. El final es largo y aromático con apuntes balsámicos. Está perfecto para tomar en este momento y le auguro buen futuro. Vino muy sabroso, sorprendente y disfrutable, sería un buen resumen.
María José Huertas

91 LA VANGUARDIA **PUNTOS**

FyA
Crianza
en Tinaja 2018

DOCa RIOJA. BODEGA HOTEL
FyA (Navarrete, La Rioja)
🍇 **100% tempranillo**
🛢🍷 **24 meses** 💰 **13€**

La visita más sorprendente de este año con el jurado de los premios Best Of Bilbao-Rioja ha sido a la Bodega Hotel FyA. Por el conjunto de bodega, hotel, restaurante y Museo de la Cerámica para poner en valor la tradición alfarera de Navarrete, les dimos el premio Best Of 2024 en la categoría de Enoturismo, Arte y Cultura.

Hasta hace poco, el 70% de la población de Navarrete se dedicaba a la alfarería. Alfareros, olleros, aguadores, leñeros, comerciantes y otros gremios vivían de una materia prima: el barro. La actividad decayó, pero aún es el único centro alfarero en activo en La Rioja.

Exhiben una colección de 1.000 piezas de alfarería tradicional riojana, documentadas por el experto doctor Enrique Martínez Glera,

todas relacionadas con el vino: cántaros, jarras, pucheros y medidas (cántara, media cántara, cuartilla, etc.), datadas desde 1751.

La colección ocupa todos los espacios: sala de exposiciones, sala audiovisual, hall del hotel y también la bodega. Incluso han llevado la tradición alfarera a sus vinos, con 40 tinajas de 1.000 litros hechas con arcilla de Navarrete, donde hacen algunas crianzas.

FyA Crianza en Tinaja, 100% tempranillo de viñas de más de 35 años situadas entre Navarrete y Medrano. Tres crianzas. Primero 6 meses en tinajas de barro de 1.000 litros, que le aportan volumen y expresividad aromática. Luego 12 meses en barrica de roble americano, que le aporta notas a vainilla, lácteos y bollería. Finalmente, 6 meses en barrica de roble francés, que le aporta especias, mentolados y balsámicos. Cultura, identidad y originalidad. **Lluís Tolosa**

ÍNDICE DE VINOS POR DENOMINACIONES DE ORIGEN

ÍNDICE ALFABÉTICO DE BODEGAS

ÍNDICE POR TIPOLOGÍA DE VINOS